Une psychanalyste à Téhéran

Gohar Homayounpour

Une psychanalyste à Téhéran

Avant-propos d'Abbas Kiarostami

bayard

ISBN 978-2-227-48650-8

18, rue Barbès, 92128 Montrouge cedex

À Darya et Yassamine,

La première chose qui m'a impressionnée quand j'ai commencé la lecture de ce livre a été de voir comment le monde exploré par Gohar Homayounpour à travers le prisme de la psychanalyse ressemble à ce que je vois à travers l'objectif de ma caméra. Je me suis surpris à sourire et j'ai alors pensé à un vieux dicton iranien : *Jana sokhan az zabane ma migooi.* « Ma chère, vous parlez selon mon cœur ! »

Il est vrai que ni elle ni moi ne considérons notre monde comme un espace personnel où le moindre désaccord risquerait d'entraîner un malaise quelconque. Ce monde qui est le nôtre n'est pas non plus un tribunal où nous siégeons pour juger les tragédies privées d'autrui ; nous nous contentons d'observer le monde illusoire de la vie quotidienne à travers divers objectifs, dans l'espoir d'y apporter un peu de sens grâce à la réflexion et à l'analyse. Nous faisons de notre mieux pour ne pas être des observateurs provinciaux. Notre monde ne se limite pas à notre voisinage, à notre ville, ni même à notre patrie. « La douleur est la douleur où qu'elle se trouve », comme le dit Gohar Homayounpour à propos de son expérience de la pratique de la psychanalyse à Téhéran et aux États-Unis. Depuis tant d'années, j'ai moi-même essayé de transmettre ce message. Mes films cherchent à montrer la condition humaine plutôt que les particularismes ou les masques qui caractérisent tel groupe ou telle personne.

Je sais d'expérience combien il est délicat d'explorer cette condition existentielle tout en évitant le piège des lieux communs, du *statu quo*, et de tout ce que nous tenons pour acquis et indubitablement réel. Échapper aux clichés, quitter le sanctuaire des stéréotypes, et renoncer au plaisir d'adhérer aux images simplistes de l'Autre : la tâche n'est simple pour personne… et je suis certain qu'elle ne l'a pas été pour Gohar Homayounpour. Il existe aujourd'hui un public pour des films et des livres qui montrent l'Iran et les Iraniens de manière stéréotypée. Gohar Homayounpour aurait pu facilement gagner une large audience en brossant une caricature *orientaliste* des Iraniens, à la fois suggestive et passionnée, et qui aurait renforcé les préjugés. Elle aurait même pu voir son livre figurer parmi les best-sellers. Résister à pareille tentation est indéniablement un signe de noblesse, de dignité, de sincérité, et enfin et surtout, la marque d'un esprit indépendant et original. C'est cette dimension de l'écrivain qui m'a encouragé à écrire cet avant-propos : sa sincérité courageuse, le style original de son écriture, et son propos digne d'éloge et d'admiration.

Au fil d'un récit subtil et sans prétention, faire l'expérience de son univers à travers ses mots et ses échanges complexes avec les analysants, aura été pour moi singulièrement fascinant – comme, j'en suis sûr, ce le sera pour d'autres lecteurs. Ce qui semble être le récit de sa propre histoire relationnelle avec ses patients à Téhéran m'a ramené à ma propre histoire.

Autant lever immédiatement toute équivoque : je ne recommande pas ce livre à ceux qui sont toujours friands des « attractions touristiques » de mon pays. Ils n'ont d'ailleurs aucun souci à se faire : la production de ce genre de littérature, de films, de tableaux et de photos est prospère de nos jours ! Le livre de Gohar Homayounpour, lui, est une œuvre hors du commun à recommander à ceux pour qui la douleur et la souffrance humaines sont un phénomène existentiel. Où qu'elle se trouve, la douleur est incontestablement la douleur. Je n'ai jamais entendu parler d'un cancer oriental ou occidental, ni d'une radiographie qui révèlerait la nationalité, la religion, la langue ou la culture du patient. Ce livre est le portrait radiographié de la condition humaine en Iran, et non une photographie touristique des Iraniens.

Gohar Homayounpour n'a pas choisi la solution de facilité, elle est demeurée fidèle au titre de son livre,

Psychanalyste à Téhéran. Il s'agit bel et bien du récit d'une psychanalyste travaillant dans le Téhéran d'aujourd'hui, un récit qui progressivement s'impose à vous et vous conduit à faire sa connaissance comme analyste, un récit qui surprend, et vous amène à remettre en question vos *a priori*. J'ai été très agréablement surpris d'apprendre dans ce livre que les femmes iraniennes ne racontent pas les injustices et l'oppression auxquelles elles font face dans la société contemporaine, mais évoquent les paradoxes internes, les conflits et les dualités dont elles font l'expérience en tant que femmes, exactement comme toutes les femmes à travers le monde.

Je considère comme exceptionnel le travail accompli par Gohar Homayounpour. Sous la forme d'un roman autobiographique, et avec l'usage qu'elle fait de la « libre association » psychanalytique, elle ouvre des fenêtres et fait entrer de la lumière dans l'obscurité de l'âme humaine. Elle poursuit cette mission que Freud prescrit avec élégance : « Puisqu'il est impossible de voir clairement, tâchons de projeter quelque lumière sur l'obscurité. »

Pour toutes ces raisons, je voudrais féliciter le Dr Homayounpour pour la fraîcheur et l'authenticité de son propos, et lui souhaiter la bienvenue dans mon univers.

Abbas Kiarostami
Téhéran, été 2011

PRÉFACE

LA PSYCHANALYSE EST-ELLE POSSIBLE DANS LA RÉPUBLIQUE ISLAMIQUE D'IRAN ?

J'ai pratiqué la psychanalyse à Téhéran au cours des cinq dernières années, tout en écrivant un certain nombre d'articles sur mon expérience de psychanalyste en Iran, textes que j'ai présentés à des conférences internationales. J'ai été interrogée par un certain nombre de radios et de magazines occidentaux à ce sujet, puis j'ai écrit ce livre. Prendre la parole en divers lieux au sujet de ma pratique s'est révélé très intéressant. Les réactions de l'auditoire ont été tout à fait curieuses. Je les qualifierais de « rejet fasciné », pour employer l'expression de Julia Kristeva. La pratique de la psychanalyse en Iran déclenche, d'emblée, quelques fantasmes ; l'auditeur s'attend habituellement à des histoires savoureuses, exotiques. Cette fascination s'accompagne d'un rejet, qui suggère l'impossibilité de pratiquer la psychanalyse en Iran. J'ai bien senti que la présentation de certains cas a pu décevoir par leur similitude avec ceux de patients de Boston ou New York.

On pourrait également caractériser ces réactions comme une forme d'« orientalisme », pour reprendre le terme d'Edward Saïd. Toutefois, sans entrer dans le détail de la position théorique de Saïd, j'aimerais souligner la responsabilité des « Orientaux » eux-mêmes dans la création de l'orientalisme. Nous devons cesser de rejeter la faute sur l'Ouest s'agissant de notre condition et de notre destinée. Quoi qu'il en soit, si vous lisez ce livre pour satisfaire vos curiosités orientalistes, je dois vous avertir : vous serez déçus.

Je sais qu'il est répandu d'érotiser le tchador, de se servir de titres comme *Jihad au rouge à lèvres*, de gloser sur les Iraniens qui battent leurs femmes, d'érotiser la calligraphie iranienne avec aleph, be, ce... ou en utilisant des noms comme Shehrazad, Syavash, Mahmoud Hussein. Je ne condamne pas l'« Autre » pour cela : nous en faisons autant. Nous restons attachés à notre reflet oriental dans les yeux de l'Autre.

L'Autre exotique (ou oriental) est fascinant pour l'Occidental, mais c'est un regard qui infériorise l'Autre. Un ami français me rappelait récemment que « les Français eux-mêmes sont érotisés de diverses façons ». Mais je crois qu'il y a une différence entre être érotisé par la crème brûlée ou être érotisé par le tchador. Dans le premier cas, l'érotisation n'est pas une manifestation du rapport maître-esclave ; les Français sont érotisés pour des raisons nobles tandis que les Orientaux sont désirés pour des plaisirs moins avouables.

Je n'entre pas dans le jeu du blâme ; nous nous le jouons à nous-mêmes. Il y a tant d'avantages névrotiques à retirer de ce processus ! C'est en nous que le changement commence. Nous devons renoncer à la satisfaction d'être perçus comme érotiques, exotiques et étranges. Nous devons faire face à notre inévitable banalité.

Dans une interview récente, Slavoj Žižek disait que ce qu'il admire dans les films d'Abbas Kiarostami, c'est qu'on n'y trouve pas d'images de la vie quotidienne en Iran mais des conflits universels. Je viens de la même école de pensée.

J'ai récemment envoyé un article, « Le divan et le tchador », à une éminente psychanalyste lacanienne. Elle m'a répondu :

> « Selon moi, vous livrez ici (…) les leçons sociologiques à tirer de l'impossibilité de pratiquer la psychanalyse en Iran. C'est une étude magnifique de la production iranienne du soi où le complexe d'Œdipe se joue selon des paramètres très différents de ceux de l'Ouest… tout est sens dessus dessous. L'ordre symbolique est pour l'enfant la toile de fond de ce qui régit le désir tout-puissant de la mère… C'est pourquoi les définitions postmodernes de la féminité et du corps me paraissent problématiques,

puisqu'il n'y a pas d'inculpation directe de l'ordre patriarcal, du moins pas au sens occidental du mot. De toute façon, la psychanalyse ne peut pas vraiment fonctionner en Iran, puisque c'est, après tout, une pratique purement occidentale. »

Selon cette analyse, la psychanalyse est impossible en Iran, non seulement parce que c'est une pratique occidentale, mais aussi parce que les Iraniens opèrent à l'intérieur d'un ordre symbolique différent. En Iran, l'ordre symbolique est sens dessus dessous : l'enfant n'entre pas dans le complexe d'Œdipe, ce qui suggère que la psyché nationale iranienne est psychotique.

Lors d'une conférence récente à Boston, une psychanalyste a réagi ainsi à une autre de mes communications : « Je ne crois pas que les Iraniens puissent faire de la libre association ! » J'ai répondu qu'à mon avis, ils ne font que cela et que c'est bien là leur problème.

J'ai également envoyé une première ébauche de mon livre à une célèbre journaliste qui connaît bien Téhéran ; je la savais fascinée par l'Iran.

Voici ce qu'elle m'a écrit :

« J'ai pris contact avec un ami qui dirige une maison d'édition. Il a suggéré que vous sélectionniez les chapitres les plus provocants, de manière à séduire un public américain, que vous lui enverriez par email. (Ce ne devrait pas être du matériel psychanalytique tel qu'on pourrait en trouver à Manhattan : il faudrait que ce soit croustillant.)

Je me demande même comment une psychanalyste peut bien exercer en Iran ! Je me demande si un ayatollah y a déjà eu recours !

Vous devriez donner des titres plus dynamiques aux chapitres. (*Sur le divan en Iran*, par exemple, serait mieux !) Je serais curieuse de savoir combien de patients vous traitez réellement en dehors de Téhéran. Avez-vous des prisonniers en analyse ?

Vous arrive-t-il d'avoir peur que des officiels iraniens veuillent découvrir ce que vos patients vous livrent ? Certains de vos patients ont-ils déjà été emprisonnés pour des raisons politiques ?

Vos patients ont-ils plus fréquemment des problèmes sexuels ou politiques ? Ou bien arrive-t-il que les deux convergent ? [À en croire cette journaliste, ce sont là les deux seuls types de problèmes que les Iraniens sont susceptibles d'avoir !]

Ne pensez-vous pas que remplacer votre titre par *Sombrer dans la folie à Téhéran* serait une bonne idée. »

Voilà ce que j'entends par « rejet fasciné ». Les Iraniens sont des « étrangers », des créatures très étranges, exotiques. Qui est l'étranger ? Pourquoi « étranger » ? Et « étranger » pour qui ?

Selon Gilles Deleuze et Félix Guattari, l'impossibilité d'être « dans sa propre maison » fournit un malentendu ontologique : la tragédie de l'identité.

« L'inquiétante étrangeté » est un concept freudien utilisé par Julia Kristeva pour expliquer cette tragédie : « La peur de l'Autre et l'inquiétude devant l'étrangeté sont toutes deux le résultat de la peur de la différence de l'Autre (étranger) à l'intérieur de nous-mêmes. » Nous avons peur de ce que nous sommes et nous avons peur de nos désirs débridés. Nous transférons dès lors notre peur à l'Autre, à l'étranger, à celui qui n'est pas « nous » et à la « différence ». L'Autre est à la fois la source de notre angoisse et le danger qui nous menace.

La peur dont nous faisons l'expérience, l'étrangeté, est davantage un phénomène interne qu'externe. « L'inquiétante étrangeté » ne peut jamais rivaliser avec la peur et l'angoisse d'être confronté à notre inconscient, à notre féminité, ou avec la peur d'affronter la mort. « L'inquiétante étrangeté » est reliée de près à la peur infantile de l'Autre : l'Autre sous la forme de la mort, l'Autre sous la forme de la femme, et l'Autre sous la forme de nos propres pulsions incontrôlables… En somme, la peur de l'Autre est comme une étrangère au-dedans de nous.

Le combat que nous menons contre cela est le même que celui que nous menons contre notre propre inconscient. La seule hospitalité derridéenne que nous pourrions offrir consisterait à accepter et accueillir ces étrangers dans le territoire redoutable que nous (l'étranger et le soi) partageons !

Selon Julia Kristeva, vivre avec l'Autre, c'est vivre avec cette question : « Suis-je l'Autre ? »

Ou, comme le dit Rimbaud : « Je est un autre. »

Julia Kristeva se demande pourquoi nous appelons les étrangers « aliens », « alien » étant tout ce qui est totalement Autre par rapport au *statu quo*. Mais un « alien » est aussi le corps étranger dans le film éponyme qui nous a longtemps empêchés de dormir. Et si elle avait raison, et si la face cachée de notre identité était l'« alien » qui vit au-dedans de nous ? Faire face à l'Autre revient à faire face à l'« étrange identité », la « troublante altérité » à laquelle Freud nous a initiés en élaborant la théorie de l'existence de l'inconscient. Je ne peux pas m'occuper de vous, l'« alien », tout comme je ne peux pas m'occuper de l'« alien » en moi. Il y a quelque chose en vous qui dérange l'« alien » inconscient qui vit en moi.

J'ai donné une interview à la revue italienne de psychanalyse, *Psyche*, et bien que dans ce cas la journaliste ait été beaucoup plus en contact avec l'« alien » en elle et qu'elle ait abordé la psychanalyse en Iran dans un esprit beaucoup plus ouvert, certaines de ses questions, et une certaine manière de les poser, recoupent nos précédentes observations.

Question :

« Il y a plusieurs théories psychanalytiques sur le trauma et sur la manière de traiter les patients traumatisés. Elles s'accordent toutes sur le fait que les expériences traumatisantes, passées et présentes, peuvent être résolues à travers le phénomène de transfert et la relation d'analyse. Si cela est vrai, et j'espère que ça l'est, alors le traitement psychanalytique peut réduire la souffrance occasionnée par des expériences traumatisantes liées à des situations familiales et sociales restrictives et destructrices. Il est très important de distinguer le culturel du politique en Iran, ce qui ne semble pas être le cas à l'Ouest, et de favoriser le passage de l'état d'assujettissement à sa propre histoire à celui d'en être le sujet, autrement dit un agent actif de sa propre histoire et de sa propre destinée, d'une manière relativement indépendante du contexte environnemental, social et culturel. Qu'en pensez-vous ? »

Ma réponse :

« Bien sûr, si le sujet désire résoudre ses traumas, ce désir devrait toujours l'emporter sur les contingences environnementales, sociales et culturelles.

Nous ne devons pas oublier cependant que le sujet est lui-même un objet culturel tout autant que le mode de sa libération, c'est-à-dire la psychanalyse. Transcender l'ordre symbolique pour devenir son propre agent ou un *ego* autonome est un fantasme qui intrigue, et devrait être fonctionnel dans le registre imaginaire de Lacan. »

Question :

« À vos yeux, l'intérêt et la curiosité à propos de la psychanalyse comme moyen de traitement des problèmes mentaux, ainsi que son introduction en Iran, ressemblent-ils à la transplantation d'un corps étranger par des professionnels ou des intellectuels formés à l'étranger ? Ou, au contraire, la psychanalyse a-t-elle trouvé un terrain fertile pour son développement au sein des traditions culturelles et artistiques (poésie, miniatures, tapis), ainsi qu'une force spirituelle qui sont, selon le célèbre poète iranien Ferdousi, le moyen d'expression par lequel l'Iran a toujours communiqué avec le monde extérieur ? »

Ma réponse :

« Il y a des deux : la psychanalyse a été transplantée ici depuis l'Occident, mais d'une manière tout à fait spéciale. Les semences de cette découverte occidentale ont trouvé un terrain fertile au sein de la culture et de la pensée iraniennes. Ferdousi, à qui vous faisiez référence, peut être considéré comme notre Sophocle. À travers lui, nous voyons l'importance du récit, des dialogues et des relations interpersonnelles telles qu'elles sont enracinées dans la tradition historique iranienne. »

Ainsi avons-nous importé d'Occident la semence de la psychanalyse, mais en Iran cette semence a germé dans les diverses expressions artistiques et s'en est nourrie. Par exemple, chaque tapis a une histoire à raconter à travers son dessin unique et spécifique, et il a été tissé dans l'intention de communiquer avec un Autre spécifique. La culture iranienne est faite d'histoires. Les gens d'ici aiment beaucoup parler ; par conséquent, la cure par la parole a tout naturellement trouvé sa place au cœur du caractère national iranien.

Je n'ignore pas l'importance des différences culturelles. Cependant, les êtres humains sont beaucoup plus semblables qu'ils ne sont différents, la douleur demeure la douleur. Lorsque nos sentiments diffèrent, nous devons chercher l'étranger en nous. C'est le seul endroit où nous trouverons un « alien », un étranger.

Je n'ai nul besoin des théories qui viennent d'être esquissées pour être convaincue de la possibilité d'une pratique psychanalytique en Iran. Ce sont mes patients qui, à chaque instant de leurs séances de cinquante minutes, me rappellent que nous faisons bel et bien de la psychanalyse.

Ce que je voudrais ici, c'est rendre compte de certaines de ces expériences, des fantasmes que nous avons construits – l'analyste que je suis et ses patients, – depuis mon retour chez moi, en Iran.

Une psychanalyste à Téhéran se présente sous la forme d'une séance de psychanalyse : une séance où analyste et analysant ont le courage de faire face au chaos de leur inconscient, d'affronter l'étranger au-dedans d'eux-mêmes, et d'apprendre à supporter l'angoisse de l'inconnu.

Le lecteur ne trouvera ici ni chapitres, ni notes de bas de page, ni références précises. J'ai tâché d'éviter les cadres protecteurs que fournissent la classification et l'étiquetage. Julia Kristeva raconte qu'après avoir écrit plusieurs articles et livres, elle en est venue à la conclusion que l'appareil critique, à un certain degré, exerçait une fonction défensive.

On ne peut faire face à soi-même de manière authentique que dans le processus très intime de l'écriture d'un roman. Adopter ce processus, c'est accepter de s'éloigner de la sécurité que procure une structure spécifique et du confort qu'offrent les certitudes associées à la catégorisation. C'est aussi affronter l'inévitable angoisse née de l'absence de tout cadre de référence.

Sans vouloir en aucune façon dénigrer les efforts nécessaires à l'élaboration d'un article pour une revue scientifique, ce genre de travail ressemble à un patient qui se présenterait à une séance avec en tête, non seulement ce qu'il prévoit de verbaliser, mais aussi sa manière de parler, l'enchaînement de ses propos et tout ce qu'il compte communiquer à son analyste. C'est comme s'il entretenait l'illusion qu'avec l'outil imparfait du langage, il allait pourtant créer la possibilité d'un échange fiable. Mais c'est perdre de vue que nous n'avons d'autre issue qu'une mauvaise communication. Tout se passe comme si ce patient recherchait la protection d'une précision illusoire pour négocier l'angoisse qu'il y a à être sur le divan.

Dans un environnement adéquat, l'analysant gagne peu à peu en courage et parvient à s'émanciper de ses fragments symboliques, de ses catégories spécifiques. Son désir de connaissance finit par l'emporter sur le confort qu'il y a à demeurer à distance de tout ce que l'inconscient sait déjà.

Reste à savoir jusqu'à quel point les libres associations d'un individu sont vraiment libres. Je vais tenter d'aborder cette question dans les pages qui suivent, et raconter comment je me suis risquée à la libre association à Téhéran. Ces pages ne sont rien d'autre que mes fantasmes et mes fantasmes seulement (ce qui n'empêche personne de faire autrement). Une fois de plus, je m'adonne au défi d'affronter mon propre inconscient.

En un sens, ce qui suit n'est qu'une note que je m'adresse à moi-même.

L'ARRIVÉE À TÉHÉRAN

Elle n'est pas la première patiente que j'ai vue à Téhéran. L'été dernier, alors que j'étais en vacances en Iran, j'ai travaillé avec quelques patients. Ce n'est certes pas la première fois que je me trouve en position d'en attendre un nouveau. Dans ces conditions, d'où peuvent bien venir l'angoisse, la nervosité, et le manque de confiance qui m'envahissent ? Je ne comprends pas. Cela a-t-il un rapport avec mon *ego*, mon idéal du moi ? Et si je ne pouvais garder la patiente ? Et si elle pensait que je suis trop jeune ? Et si je n'arrivais pas à trouver les mots en farsi ? – Et si finalement je n'étais pas la brillante psychanalyste telle que me la désigne mon moi idéal ?

Et puis il y a ce que j'ai entendu dire de Mme N. On m'a parlé d'une personne brillante, et j'ai eu vent de sa franchise. On m'a aussi rapporté qu'elle s'est montrée dubitative quant à mon doctorat en psychanalyse.

Si je suis nerveuse, c'est peut-être que je suis dans un nouvel environnement et que je me suis affranchie, jusqu'à un certain point, de tel ou tel signifiant majeur. Je n'ai personne à qui rendre des comptes. Je peux travailler exactement comme je veux, comme je crois. Je suis libre. (Du moins, à cette époque pouvais-je facilement entretenir l'illusion de cette liberté. Quatre ans plus tard, je dois dire que cette illusion a été complètement anéantie.) Alors, qu'est-ce qui ne va pas ? Pire, qu'est-ce qui va donc si mal ? Avons-nous à ce point besoin de signifiants majeurs ? Que faire de cette liberté, et pourquoi est-elle aussi terrifiante ?

Avec le recul, je pense avoir eu peur et cédé à la nervosité. Si je n'étais pas la psychanalyste rebelle qui lutte pour la subjectivité, alors qui étais-je ? J'avais obtenu la subjectivité que je désirais. Mon doctorat faisait officiellement de moi une analyste. Cependant, ces titres faisaient porter sur mes épaules bien plus que l'autorité consacrée habituellement par ces diplômes.

Je suis arrivée à Téhéran avec mon diplôme dans la valise de mon moi idéal. Aujourd'hui j'ai le champ libre, beaucoup de patients, et personne à qui rendre des comptes. À Téhéran, je n'ai en aucun cas besoin de jouer le moindre jeu politique. Étrangement, ce privilège m'a été accordé dans un pays qui, à ce moment de son histoire, est l'un des plus politisés du monde. Un pays montré du doigt pour ses violations des droits de l'Homme, son manque de démocratie, ses ambitions nucléaires et son déni de la liberté d'expression.

À Téhéran, dans l'un des pays les plus controversés du monde, j'ai pris possession de mes droits de psychanalyste comme jamais je n'aurais pu le faire ailleurs. Paradoxalement, j'ai pu me faire une place à l'abri des pressions habituelles que doivent subir les jeunes diplômés de psychanalyse dans le reste du monde.

Et pourtant je demeure angoissée…

La patiente fait son entrée : elle est grande et bien habillée ; elle n'est pas jolie, en dépit des traces visibles d'une femme qui fut autrefois remarquable. Elle a beaucoup d'allure. Elle marche avec élégance et fermeté : confiante, mais vulnérable. Je lui indique mon bureau et mon angoisse augmente tandis que je prononce ces mots : « Qu'est-ce qui vous amène ici ? » Ah, la magie de ces mots, de ces six petits mots si lourds de sens pour moi. Ils me placent immédiatement dans la position de l'analyste, ils me donnent confiance. Ils contiennent les voix et les esprits des analystes du passé ; ils sont mon instrument analytique, comme dirait Julia Kristeva. Mais alors que je me sens en confiance, je suis de nouveau abattue, confrontée à ma propre castration tandis qu'elle s'assied sur ma chaise et moi sur le divan !

Comment est-ce arrivé ? Me voilà trahie par le langage et pourtant je me tais.

Elle commence par me dire : « Vous savez, docteur Homayounpour, quand j'ai entendu parler d'une nouvelle et jeune psychanalyste installée à Téhéran, j'ai cherché votre numéro et je suis venue tout de suite, car j'ai besoin d'aide et je souhaite que vous m'aidiez. Je ne veux toutefois pas parler aujourd'hui du problème urgent qui m'amène. Je voudrais vous poser quelques questions, mais il paraît que ce n'est pas "casher" en psychanalyse. Écoutez, je connais très bien Lacan et Freud. J'ai été en analyse avec un jungien il y a plusieurs années de cela. Je suis un peintre reconnu. J'ai vécu à Paris plusieurs années et j'en ai détesté tous les instants. J'ai fini par tomber en dépression il y a sept ans et j'en ai été brisée intérieurement. » Elle se met à pleurer et s'étonne : « Comment se fait-il que vous me fassiez pleurer si facilement, jeune fille ? »

Face à mon silence, elle répond elle-même à sa question en racontant deux rêves. Dans son rêve récurrent, on lui dit qu'elle doit ramasser toutes ses affaires à cause d'un désastre imminent. Elle doit faire ses valises, c'est-à-dire prendre principalement ses vêtements et rejoindre les autres sur un paquebot qui quitte la ville ; pourtant, elle ne parvient pas à s'habiller complètement. L'angoisse prend le dessus à chaque étape du rêve. Elle est incapable de trouver l'ultime vêtement, tantôt une paire de chaussures, une blouse, une veste…, afin de rejoindre le bateau en partance.

Pendant que j'écoute Mme N., j'observe ses mains, *son* outil puisqu'elle est peintre. Ses doigts sont déformés, sa peau est sèche et irritée. Ses deux bras présentent une luxation étrange, et je comprends aussitôt qu'il s'agit d'un cas d'arthrite sévère.

Je dérive loin d'elle, vers ma propre scène psychique. Je me demande si c'est un indice de la raison pour laquelle je me suis retrouvée sur le divan, au moment où elle m'a séparé de mon outil analytique en prenant ma chaise.

L'arthrite a été implacable : elle a graduellement envahi ses outils professionnels. La patiente est incapable de me représenter facilement ce qui lui a été si abruptement et si sévèrement enlevé. Ce serait tout simplement injuste, semble-t-il, dans le monde psychique de Mme N.

Elle poursuit : « Le second rêve que je fais concerne ma mère. Vous savez, ce rêve me trouble souvent parce que, dans la vraie vie, ma mère était la mère iranienne typique, qui aurait tout sacrifié pour ses enfants. Mais dans le rêve, je suis une petite fille qui essaie de l'appeler, qui essaie d'obtenir son attention. Je pleure et je crie et rien n'y fait. Elle est joliment habillée et danse au rythme d'une musique superbe, toute son attention portée sur plusieurs hommes. Elle ne se retourne même pas pour me regarder. »

Quelque chose dans ce rêve me fait frissonner des pieds à la tête. Je cherche désespérément quelque chose à lui dire, mais les mots ne viennent pas. Je me mets à détester sa mère et je m'adresse à Mme N. en silence : « Je suppose qu'après tout elle ne s'imposait guère de sacrifices personnels si le langage de votre inconscient vous dicte que vous n'avez pas été entendue par elle, alors que vous vous êtes consciemment arrangée pour vous souvenir d'elle comme d'une sainte, la mère de rêve que tout enfant désire avoir. » Mais il semble que Mme N. ne puisse échapper aux images d'horreur d'un tout autre type de mère. Celle qui ne te répond pas, quoi que tu puisses faire, celle qui refuse de porter son regard sur toi, celle du cauchemar de tout enfant. Le jour, Mme N. est accompagnée, semble-t-il, par la mère de ses rêves, alors que la nuit, elle ne peut échapper à la mère de ses cauchemars.

Ce dernier rêve marque un tournant dans la dynamique que nous partageons : elle est à présent la petite fille, et j'ai rétabli ma position d'analyste, bien qu'elle soit encore assise sur ma chaise !

Je lui demande de détailler ses rêves : « Vous savez, la plupart du temps, je crie tellement après les gens qui m'entourent que j'en perds la voix, et ce n'est même pas ce qui me torture le plus. Le pire, c'est le tourment qui m'accompagne et auquel s'ajoute une lourde culpabilité après mes épisodes d'hystérie. Pourquoi est-ce que je crie autant ? Je vais vous montrer comment, vous allez voir ! » Je l'imagine aussitôt en train de crier dans son rêve pour attirer l'attention de sa mère, pour que cette dernière la remarque, l'entende et la regarde. Je cherche à savoir s'il y a quelque chose qu'elle dit que je n'entendrais pas maintenant. Elle recommence à crier.

Je soupçonne que ma dernière intervention nous a rapprochées, et cette idée est renforcée par ce qui suit. Madame N. raconte : « La seule fois où je me suis trouvée sur le divan, c'était quand je vivais à Paris. J'ai rencontré un psychanalyste célèbre dans un café, nous avons échangé les signaux habituels que les hommes et les femmes s'envoient et pour finir nous nous sommes retrouvés dans son cabinet, à faire l'amour passionnément. »

Elle a un sourire coquin en me racontant son escapade à Paris ; ce à quoi je réponds : « Vous avez donc été très bien analysée. »

Notre échange prend une tournure très intime. J'avais craint que les choses aillent trop vite. Maintenant je me demande : trop vite pour qui ? Est-ce que je m'inquiète vraiment pour Mme N., ou les choses bougent-elles trop rapidement pour moi ? L'intimité et le caractère sexuel de notre dernière conversation me placent-ils, moi l'analyste, dans une situation inconfortable ?

Alors que mon esprit joue avec ces différentes idées, elle me signale que le temps est écoulé, comme si c'était une tentative de défier ma position d'analyste, et de montrer qui a le contrôle de la séance. J'essaie, pour ainsi dire, de reprendre la chaise de l'analyste, et d'introduire la question des honoraires. C'est moi maintenant qui ai un sourire coquin : il n'y a rien comme le fait d'amener la question de l'argent pour dissiper tout malentendu au sujet de qui mène le jeu et qui sera facturé. Mon message à son endroit est le suivant : vous pouvez prendre ma chaise, vous pouvez être celle qui met fin à la séance, mais laissez-moi vous rappeler qui paie qui. Vous êtes ici pour me voir ; vous êtes ici pour obtenir quelque chose que vous pensez que je détiens, et pour cela vous aurez à me payer.

Freud comprenait la lourde symbolique de l'argent quand il écrivait : « Les questions d'argent seront traitées par les gens cultivés de la même manière que les affaires sexuelles, avec la même incohérence, pudeur et hypocrisie. »

Alors que je suis encore très fière d'avoir tout juste réclamé ma chaise (elle est coriace et n'abandonne pas facilement la partie), elle me lance une autre balle : « Voulez-vous du liquide ? Plusieurs psychanalystes sont obsédés par les bonnes vieilles espèces sonnantes et trébuchantes. »

Je ne perdrai pas. Je ne peux me permettre de perdre cette joute à ce moment-là ; je suis trop attachée à ma position d'analyste pour la laisser gagner. Je viens de céder trop de mes positions imaginaires. Je ne vais pas abandonner celle-ci sans livrer combat.

Je réplique donc : « Payez-moi avec n'importe lequel des fétiches que vous avez. » Elle sourit, d'un sourire qui selon moi fait figure d'avertissement, en vue de nos séances à venir ; un sourire qui affiche aussi un certain degré de satisfaction. J'imagine qu'elle me perçoit comme une digne rivale.

Alors qu'elle se lève de *ma* chaise et se dirige vers la porte, elle dit : « Reposez-vous, vous l'avez mérité ! » Je n'en crois pas mes oreilles : « Reposez-vous, vous l'avez mérité ! »

Cela me rappelle, ô combien, Milan Kundera. À quel point j'abuse de lui comme maître (chacun sait que ce ne sont pas seulement les esclaves qui sont abusés par les maîtres). Je m'en suis fait l'image intérieure du romancier qui a maîtrisé *L'art du roman*. J'ai rêvé de lui la nuit dernière ; je me souviens de ce rêve en noir et blanc (je l'ai sûrement fait en noir et blanc parce que, aussi belles que puissent être les couleurs, je ne puis m'empêcher de les associer à une espèce de banalité, et le directeur de mon inconscient refuse d'attribuer quelque forme de banalité à Kundera).

Mais quel mal y a-t-il à la banalité ? Tout, à mon avis. Je la déteste chez les autres et je ne peux me la pardonner à moi-même. L'enfer, ce n'est pas l'Autre, c'est la banalité. Ce n'est pas le marquis de Sade qui devrait être brûlé, mais la banalité.

Dans un entretien à propos de son roman *Les samouraïs*, Julia Kristeva explique judicieusement : « Aucun des acteurs parmi les samouraïs ne pourrait dire que l'enfer c'est les autres, parce que l'enfer est au-dedans de nous. Ils ne peuvent pas non plus poser la question : "Devrions-nous brûler Sade ?" car Sade brûle au-dedans de nous. »

Si nous partageons, comme c'est mon cas, la position freudienne de Julia Kristeva, nous pouvons alors en déduire ceci : n'est-ce pas ma propre banalité, brûlante en moi, qui a ouvert la voie à mon rejet profond de la banalité ? Cela dit, la banalité demeure, à mon avis, le critère fondamental pour un diagnostic sur la crise interne à notre époque.

Revenons à mon rêve, et à Milan Kundera qui me dit : « J'aime ce que tu écris ces jours-ci. » Quand je me réveille, c'est aussi bon que si j'avais rêvé d'une crème glacée : ce qui est, en fait, l'accomplissement souhaité de nos rêves. Le rêve est aussi un rappel de mon narcissisme, qui fait que le maître romancier, *via* le langage de mon inconscient, me dit *à moi* qu'il aime beaucoup ce que j'écris.

Ma relation d'amour avec Kundera remonte à plusieurs années, alors que j'avais 11 ans. Cette année-là, j'ai lu *L'insoutenable légèreté de l'être* en farsi. Je l'ai lu mot à mot, au moins cinq fois, et j'en ai mémorisé par cœur plusieurs passages.

Une des limites qu'on rencontre fréquemment dans l'étude psychanalytique de la littérature est l'accent mis sur le contenu plutôt que sur la forme. Cette tendance est souvent accompagnée d'une approche pseudo clinique, qui traite les personnages fictifs comme s'ils étaient des êtres de chair et d'os, en analyse. Naturellement, le fait de traiter les personnages comme nos patients nous permet de demeurer en terrain familier et d'éviter des questions qui le sont moins, comme la structure et la tradition propres à la littérature.

Bien que je me trouve en parfait accord avec la thèse de Berman, telle que je viens de l'esquisser, je ne peux m'empêcher de tenter une psychanalyse des personnages de *L'insoutenable légèreté de l'être* – personnages qui, au fil du temps, ont fini par me sembler davantage incarnés que nombre de personnes « réelles » que j'ai analysées.

L'élégante phraséologie de Borges explicite bien mes sentiments :

« J'imagine un tigre. La pénombre exalte
La vaste Bibliothèque laborieuse
Et paraît éloigner les rayonnages.
Puissant, innocent, sanglant et novice,
Il ira par sa forêt et son matin.
Il imprimera son empreinte sur la berge
Limoneuse d'un fleuve dont il ignore le nom.

Il n'y a dans son monde ni noms, ni passé,
Ni avenir, rien qu'un instant certain.
Il franchira les distances barbares
Et humera dans le labyrinthe entrelacé
Des odeurs de l'odeur de l'aube
Et l'odeur délectable de la proie ;
Parmi les raies de bambou je déchiffre
Ses raies et je pressens l'ossature
Sous la peau splendide qui frissonne.
En vain s'interposent les mers
Convexes et les déserts de la planète ;
Depuis cette demeure d'un port lointain
D'Amérique du Sud, je te suis et rêve,
Ô Tigre des rives du Gange.

Le soir s'étend sur mon âme et je réfléchis
Que le tigre vocatif de mes vers
Est un tigre de symboles et d'ombres,
Une série de tropes littéraires,
Et de souvenir d'encyclopédie.
Et non le tigre fatal, le funeste joyau
Qui sous le soleil ou la lune changeante,
S'acquitte à Sumatra ou au Bengale
De sa routine d'amour, de nonchalance et de mort.
Au tigre symbolique, je viens d'opposer
Le titre véritable, au sang brûlant

Celui qui décime la tribu des buffles
Et qui, en ce 3 août 1959,
Projette sur la prairie une ombre
Lente ; mais le simple fait de le nommer
Et de conjecturer ses particularités
Le rend fiction de l'art et non créature
Vivante, de celles qui vont par la terre.

Nous chercherons un troisième tigre. Celui-ci,
Comme les précédents, sera une forme
De mon rêve, un système de mots
Humains et non le tigre vertébré
Qui, au-delà des mythologies,
Foule la terre. Je le sais bien mais quelque chose
Me contraint à cette aventure indéfinie,
Ancienne et insensée, et je m'obstine
À chercher à travers le temps du soir
L'autre tigre, celui qui n'est pas dans les vers. »

Jorge Luis Borges. *Œuvres complètes*, tome II (Pléiade).
Traduction de Jean-Pierre Bernès.

Alors que nous devrions être prudents vis-à-vis du sacrifice de la forme au contenu, pouvons-nous vraiment trouver un tigre plus authentique que celui décrit dans ce poème ? Un tigre de chair et de sang peut-il être plus vivant, plus frappant, plus excitant, plus terrifiant et plus authentique que celui fabriqué par l'imagination de Borges ?

À ceux qui prétendent que les personnages d'un roman n'ont pas leur propre inconscient, mais sont seulement des fragments de l'inconscient de l'auteur, je réponds :

> « Je le sais bien mais quelque chose
> Me contraint à cette aventure indéfinie,
> Ancienne et insensée, et je m'obstine
> À chercher à travers le temps du soir
> L'autre tigre, celui qui n'est pas dans les vers. »

Kundera en général et *L'insoutenable légèreté de l'être* en particulier sont pour moi l'essence même de ce qui fait l'objet de la littérature. Aucun auteur contemporain n'a maîtrisé *L'art du roman* comme l'a fait l'auteur de ce livre.

Le long essai de Freud sur la psychanalyse de *Gradiva*, la nouvelle du romancier allemand Wilhelm Jensen, a rendu l'auteur furieux. Il refusait que ses personnages soient mis à nu ou psychopathologisés. Je crains que Kundera soit du même avis. C'est donc en adressant des excuses sincères à l'auteur de *L'insoutenable légèreté de l'être* que j'entreprends la psychanalyse de ses personnages qui, au fil des ans, sont devenus les propres versions d'eux-mêmes dans le théâtre de mon esprit. Puisqu'il n'est possible pour moi que d'examiner mes propres versions, puisqu'à travers tout ce qu'on écrit, il n'est possible que de révéler des pans de notre propre inconscient et rien d'autre, puisque l'auteur est mort, vive le texte, puisque seuls ces divers niveaux, limités, de construction et d'interprétation sont possibles, j'implore qu'on accepte mes excuses.

Comme je le disais, quand j'ai lu Kundera pour la première fois, j'étais très jeune, et je me souviens avoir été bouleversée de joie ; j'aime croire que c'est la même joie que ressentait Nabokov quand il chassait des papillons.

J'ai assurément été ébranlée par la langue ; je me suis mise à aimer les personnages. Alors que je m'étonnais de leurs choix, je conversais avec eux. Sabina et ses chapeaux ont éveillé ma curiosité, mais la loyauté acharnée de Tereza et l'image de ses deux grosses valises ne m'ont jamais quittée. Tout autant, Tomas a eu sur mon jeune cœur le même effet que sur toutes les femmes. Je suis tombée amoureuse de lui.

Franz, ô Franz ! Comme j'étais désolée pour lui. Aujourd'hui je réalise que j'ai réservé à Franz une des émotions les plus basses qu'on puisse éprouver envers quelqu'un : la pitié. Toutefois, c'était Karénine qui m'arrachait des larmes, non parce que j'étais désolée pour lui, mais parce que Karénine illustrait l'antithèse de la banalité, le contraire absolu du kitsch, selon moi. À tel point que j'ai pleuré et pleuré au nom de Karénine.

L'insoutenable légèreté de l'être a été traduit en farsi en 1986. À cette époque, Milan Kundera et le traducteur sont tous deux inconnus du public iranien. Cependant, dès la parution de *Bare Hasti*, le roman a été reçu avec un tel enthousiasme que ce fut un choc pour tous.

Depuis, *Bare Hasti* a connu une vingtaine d'éditions ; c'est un record en Iran. Avec le temps, le titre du livre et tout ce qui s'y réfère font désormais partie du discours intellectuel en Iran, assumant pleinement l'importance qu'il a prise.

Le livre s'ouvre sur la lutte philosophique entre la légèreté et la pesanteur. Kundera se demande si on peut trouver un sens à la vie dans la mesure où le mythe de l'éternel retour selon Nietzsche se révèle inopérant. Puisque nous ne vivons tous qu'une seule fois et que « la première répétition de la vie est la vie même », nous sommes sans cesse confrontés au non-sens de nos vies. L'existence incertaine du sens est la question-clef, tandis que l'opposition légèreté/pesanteur est la dichotomie-clef du roman. Dans une perspective psychanalytique, il s'agit de la dualité de la vie et de la mort, de la légèreté et de la pesanteur, d'Éros et de Thanatos, l'un des principaux conflits de la condition humaine.

Tout au long de *L'insoutenable légèreté de l'être*, Kundera nous familiarise avec la façon dont chacun des personnages tente de trouver son propre équilibre entre légèreté et pesanteur. Il nous raconte comment ces personnages luttent en vain pour échapper à un état totalement insoutenable.

Le protagoniste principal, Tomas, chirurgien brillant, élégant, et intellectuel de Prague, peut passer pour un simple séducteur. C'est pourtant sa curiosité, son désir de savoir, qui le conduisent à s'engager dans plusieurs aventures amoureuses tout au long du roman. C'est précisément, pour Kundera, ce qui différencie l'érotique du sexuel : une distinction qu'il estime avoir été mal comprise dans l'adaptation cinématographique de son œuvre.

Ce thème important est abordé à diverses occasions dans le livre. Il semble que ce qui distingue l'érotique du sexuel concerne la relation directe à l'objet. En un sens, notre libido recherche du plaisir dans le sexuel, tandis que dans l'érotique, elle recherche des objets. Et par conséquent, on trouve dans les relations érotiques un sujet moins narcissique, plus conscient de l'autre, contrairement à la sexualité pure, où l'individu n'a absolument aucune conscience de l'objet.

Bien que Tomas ait raison de tracer une ligne claire entre sexe et amour, il semble ne vouloir que des relations érotiques. Il garde les yeux ouverts quand il fait l'amour, afin de pouvoir observer l'entière singularité du comportement de son amante. Chaque objet qu'il choisit a une relation évidente à quelque chose qui est déclenché par son fantasme inconscient. Les aventures amoureuses de Tomas ont une base épistémologique : il est à la recherche de l'ontologie de chacune des femmes qu'il fait siennes.

Le comportement de Tomas a un prix : la torture continuelle qu'il inflige à sa femme Tereza, une simple serveuse venue de la campagne et qui l'aime avec une dévotion et une loyauté aveugles. On trouve en Tereza la pesanteur, fort bien symbolisée par ses deux grosses et lourdes valises. Dans certains passages du livre, Tereza apparaît comme une femme soumise avec succès à sa castration, qui permet de faire passer l'individu de la détresse névrotique à la tristesse commune, comme nous le dit Freud. Selon la psychanalyse, la cure pour les névrosés passe par l'acceptation de sa castration mais il semble que Tereza, comme un groupe spécifique de patientes névrosées, a confondu la soumission à sa castration avec la soumission à l'autre – en l'occurrence à son mari, Tomas.

Alors que Tereza cherche un emploi de photographe, on lui propose de commencer par photographier des cactus. Elle rétorque qu'elle trouve les cactus sans intérêt, et qu'à ce compte-là son mari peut subvenir à ses besoins. La conversation se déroule comme suit :

« La photographe dit : "Et ça vous satisfait de rester à la maison ?"

Tereza dit : "J'aime mieux ça que de photographier des cactus."

La photographe dit : "Même si vous photographiez des cactus, c'est *votre* vie à *vous*. Si vous ne vivez que pour votre mari, ce n'est pas votre vie."

Soudain, Tereza se sent agacée : "Ma vie, c'est mon mari, pas les cactus."

La photographe parle avec une certaine irritation : "Voulez-vous dire que vous êtes heureuse ?"

Tereza dit (toujours avec agacement) : "Bien sûr que je suis heureuse !"

La photographe dit : "Une femme qui dit cela est forcément très..." Elle préfére ne pas achever.

Tereza compléte : "Vous voulez dire : forcément très bornée."

La photographe se maîtrise et dit : "Non, pas bornée. Anachronique."

Tereza dit d'un air songeur : "Vous avez raison. C'est exactement ce que mon mari dit de moi." »

Nous découvrons ici que Tereza s'est soumise avec succès à la réalité de sa castration, parfaitement illustrée par son manque de désir du phallus, que symbolisent les cactus. Elle sait qu'elle ne possède pas de cactus et ce n'est pas un problème pour elle ; cela lui évite d'être confrontée à un défi ou perturbée lorsqu'on la qualifie de désuète ou de démodée. Elle revendique au contraire ce qualificatif : « C'est exactement ce que mon mari dit de moi. » En d'autres termes, la soumission à sa castration consiste à se diriger vers ses véritables désirs, dans une pure soumission à l'Autre. Si elle n'éprouve pas d'intérêt pour les cactus, elle se laisse avec joie entretenir par son mari, et s'autorise à poursuivre ses véritables rêves.

D'autres fois, Tereza semble captive de la répétitivité d'une dynamique sadomasochiste. Elle semble jouir de la souffrance qu'implique inévitablement le fait de vivre avec Tomas ; elle semble jouir, du moins en partie, de son rôle de victime à l'égard des actions de son mari. Elle en devient moraliste. C'est seulement parce que c'est lui qui triche qu'elle en vient à s'identifier à celle qui ne triche pas. Si nous devions l'imaginer dans une aventure amoureuse avec Franz – ce qui est envisageable –, elle deviendrait absolument inintéressante.

En bonne logique, quand Tereza essaie de tromper Tomas avec un autre homme, elle sait que c'est précisément la chose qui pourrait mettre en danger la suite de leur relation. Car celle-ci a toujours été construite sur la loyauté de Tereza, et non sur celle de Tomas ; sans cette loyauté, leur relation se désagrégerait.

L'attachement de Tereza à une dynamique sadomasochiste n'aurait-il pas quelque lien avec sa relation à sa mère, à la lisière de la haine ? Se pourrait-il qu'elle répète la victimisation qu'elle a toujours ressentie par rapport à elle ? Cette mère en effet a toujours perçu sa fille comme la raison principale de toutes ses déceptions dans la vie car une fois enceinte de Tereza, elle s'est sentie condamnée à un mariage malheureux.

Puis il y a Sabina, dont la vie est décrite comme une série de trahisons : « Trahir, c'est sortir du rang et partir dans l'inconnu. Sabina ne connaît rien de plus beau… » L'aventure amoureuse de Sabina avec Tomas est fondée sur leur légèreté mutuelle, bien que tous deux soient fortement attirés par la pesanteur.

Sabina est la femme phallique. Contrairement à Tereza, rien n'est plus effrayant pour elle que d'affronter sa castration, parfaitement symbolisée par son chapeau. Ce chapeau lui vient des hommes de sa famille, des hommes qui ont tenté de réprimer ses désirs, qui ont essayé de la limiter. Sabina semble avoir passé un pacte inconscient avec elle-même pour ne jamais les laisser gagner ; ainsi leur chapeau devient-il un accessoire pour ses jeux érotiques. C'est comme si elle était devenue la maîtresse du chapeau plutôt que son esclave, destinée que les hommes de sa lignée avaient prévue pour elle.

Elle refuse de se soumettre à sa castration, de rester à demeure, d'aimer, de devenir dépendante, de constater son impuissance et son manque de contrôle ; en un mot, d'être témoin de son manque lacanien.

D'une certaine façon, la soumission à sa castration pourrait, dans le langage de Kundera, être résumée de la sorte : une soumission à l'insoutenable nature de l'être.

Quelle que soit la combinaison de légèreté ou de pesanteur rencontrée, la condition humaine est insoutenable. On ne peut rien y faire sinon s'y résigner ; c'est ce qu'illustrent les différents personnages du roman, parmi lesquels Sabina est la plus éloignée de l'acceptation de sa castration.

Tomas semble être pris entre légèreté et pesanteur à travers ses différentes tentatives pour maîtriser son complexe d'Œdipe ; il ne peut que se situer à l'intérieur de relations triangulaires. Il a abandonné son fils et, pour cette raison, surcompense dans sa relation avec Tereza. Il l'aime comme on aime un enfant. À travers elle, il a trouvé un compromis : elle est l'enfant dont il peut prendre soin à la place du fils abandonné. Sauf que ce fils est une fille qui l'aime, l'adore, contrairement à ce que serait un fils destiné à devenir à son tour un Œdipe en herbe.

Plus d'une fois, Tomas fait allusion au moment où Tereza s'est présentée devant chez lui. Il dit qu'il a senti qu'elle lui était comme livrée dans une corbeille. N'est-ce pas là la référence historique au célèbre fils qui a été abandonné dans une corbeille ? Il ne peut pas la chasser quand elle débarque à l'improviste, avec sa vie dans ses deux grosses valises, et qu'elle le supplie, en quelque sorte, de l'adopter, de l'arracher à son village, à son emploi de serveuse de bar et à son obscurité. Elle a besoin de lui pour réaliser son propre équilibre entre légèreté et pesanteur.

Tomas écrit un article pour condamner les dirigeants communistes qui prétendent qu'ils « ne savaient pas » que des crimes atroces avaient été commis et qu'ils n'avaient fait qu'adhérer à l'idéologie communiste, comme si leur ignorance valait rachat. Tomas les compare à Œdipe. Comme eux, celui-ci n'avait prétendument aucune conscience ni connaissance de ce qu'il avait fait ; et cependant, pour se châtier, il s'est crevé les yeux dès qu'il a su.

Dans une perspective psychanalytique, nous voyons que Tomas est lui-même l'Œdipe de son article, débarrassé de la culpabilité à l'égard des crimes qu'il a commis inconsciemment, et il sent que la seule manière de se racheter passe par la punition. Le besoin inconscient de Tomas d'être puni devient clair au fur et à mesure du livre.

Tomas est incapable de mettre un terme à ses aventures amoureuses. Pourtant, quand Tereza souffre de cauchemars répétés dont son infidélité est la cause, Tomas proclame qu'il préférerait voir brûler son pays que d'entendre souffrir sa femme ne fût-ce que dans un cauchemar.

Dans cet extrait plein d'élégance, on mesure à quel point Tomas aime Tereza :

« Il se souvint du mythe célèbre du *Banquet* de Platon : autrefois, les humains étaient hermaphrodites et Dieu les a séparés en deux moitiés qui errent depuis lors à travers le monde et se cherchent. L'amour, c'est le désir de cette moitié perdue de nous-mêmes.

Admettons qu'il en soit ainsi ; que chacun de nous ait quelque part au monde un partenaire avec lequel il ne formait autrefois qu'un seul corps. Cette autre moitié de Tomas, c'est la jeune fille dont il a rêvé. Mais nul ne retrouvera l'autre moitié de soi-même. À sa place, on lui envoie une Tereza au fil de l'eau dans une corbeille. Mais qu'arrive-t-il, plus tard, s'il rencontre vraiment la femme qui lui était destinée, l'autre moitié de lui-même ? À qui donner la préférence ? À la femme trouvée dans une corbeille ou à la femme du mythe de Platon ?

Il s'imagine qu'il vit dans un monde idéal avec la femme de son rêve. Et voici que Tereza passe sous les fenêtres ouvertes de leur villa. Elle est seule, elle s'arrête sur le trottoir et pose sur lui, de loin, un regard infiniment triste. Il ne peut supporter ce regard. Une fois de plus, il sent la douleur de Tereza dans son propre cœur ! Une fois de plus, il est la proie de la compassion et s'engouffre dans l'âme de Tereza. Il bondit par la fenêtre. Mais elle lui dit amèrement qu'il n'a qu'à rester où il se sent heureux, et elle a ces gestes brusques et incohérents qui l'ont toujours irrité et qu'il a toujours trouvés déplaisants. Il se saisit de ses mains nerveuses, les presse dans les siennes pour les apaiser. Et il sait qu'il est prêt à quitter à tout moment la maison de son bonheur, qu'il est prêt à quitter à tout moment son paradis où il vit avec la jeune femme de son rêve, qu'il va trahir l'"es muß sein !" de son amour pour partir avec Tereza, cette femme née de six hasards grotesques. »

Lacan soutient qu'il est impossible de dire quelque chose de significatif à propos de l'amour ; pour lui, dès l'instant où on commence à parler de l'amour, on bascule dans l'imaginaire. Pour autant, il consacre une grande place à l'amour, pour prétendre en définitive que « la seule chose qu'on fait dans le discours analytique est de parler de l'amour ». Dans *L'insoutenable légèreté de l'être*, Kundera ne parle que de l'amour au sens le plus large du terme.

Dans le roman, il n'est nulle part davantage question de l'amour qu'avec Karénine, le chien de Tomas et Tereza. Dans le chapitre intitulé « Le sourire de Karénine », alors que Tereza et Tomas apprennent que leur chien tant aimé a un cancer, le lecteur va les suivre, et faire l'expérience d'un chagrin déchirant jusqu'à ce que Tomas euthanasie Karénine et qu'ils l'enterrent. Nulle part dans tout le roman le sens inébranlable de l'insoutenable légèreté de l'être nous est livré qu'en cet instant où Karénine est conduit à sa mort des mains mêmes de ceux qu'il aime, puisque, comme l'écrit Kundera :

« Par rapport à l'homme, le chien n'a guère de privilèges, mais il en a un qui est appréciable : dans son cas, l'euthanasie n'est pas interdite par la loi ; l'animal a droit à une mort miséricordieuse. »

Stefano Bolognini, psychanalyste italien, consacre un article à la relation entre l'homme et son chien, intitulé : « Si les chiens ne vont pas au paradis, je veux aller là où vont les chiens ». Je crois que Kundera, comme Bolognini, a compris intuitivement tout ce que peut signifier le fait d'avoir un chien et de le perdre. Ainsi, Kundera rejette Descartes et rejoint Nietzsche qui, en larmes, demande pardon au nom de l'humanité à cause d'un cheval qu'on fouette. Tel est le Kundera qui s'exprime dans « Le sourire de Karénine » :

« La vraie bonté de l'homme ne peut se manifester en toute pureté et en toute liberté qu'à l'égard de ceux qui ne représentent aucune force. Le véritable test moral de l'humanité (le plus radical, qui se situe à un niveau si profond qu'il échappe à notre regard), ce sont ses relations avec ceux qui sont à sa merci : les animaux. Et c'est ici que s'est produite la faillite fondamentale de l'homme, si fondamentale que toutes les autres en découlent. »

Karénine joue clairement le rôle du tiers au sein de la relation entre Tomas et Tereza ; tel l'enfant qu'ils n'ont jamais eu, il devient l'élément d'équilibre entre légèreté et pesanteur à l'intérieur du couple. Ils ne peuvent exister sans lui, si bien que peu de temps après sa mort, l'insoutenable légèreté de l'être devient trop insoutenable pour Tomas et Tereza qui à leur tour meurent dans un accident de voiture.

En Karénine, un modèle d'aimer nous est donné ; un modèle de ce que signifie symboliquement se soumettre à sa castration.

« C'est un amour désintéressé : Tereza ne veut rien de Karénine. Elle n'exige même pas d'amour. Elle ne s'est jamais posé les questions qui tourmentent les couples humains : est-ce qu'il m'aime ? A-t-il aimé quelqu'un plus que moi ? M'aime-t-il plus que moi je l'aime ? Toutes ces questions qui interrogent l'amour, le jaugent, le scrutent, l'examinent, peut-être le détruisent-elles dans l'œuf. Si nous sommes incapables d'aimer, c'est peut-être parce que nous désirons être aimés, c'est-à-dire que nous voulons quelque chose de l'autre (l'amour), au lieu de venir à lui sans revendications et ne vouloir que sa simple présence. »

Pourquoi *L'insoutenable légèreté de l'être* a-t-il connu un tel succès dans le monde entier, et spécialement en Iran ?

Parce que les lecteurs peuvent s'identifier aux personnages et que Kundera présente les dilemmes de la condition humaine dans une authentique maîtrise de l'art du roman ; à quoi il faut ajouter que si nous aimons lire Kundera, c'est parce que son discours est celui d'un amoureux, et exclusivement d'un amoureux. Cela nous intrigue, nous interpelle, nous terrifie. Que nous le détestions ou l'aimions, nous ne pouvons l'ignorer, et il en va de même du discours psychanalytique.

À la fin de *L'insoutenable légèreté de l'être*, tout le monde meurt, excepté Sabina. Auparavant, aux États-Unis, elle a fait l'expérience d'une sorte de mort psychique, et c'est précisément à cause de cette crise existentielle – notre mort inévitable – que nous ne pouvons éviter la rencontre avec l'insoutenable légèreté de l'être. Toutefois, nombreux parmi nous sont ceux qui choisissent la vie, parce qu'on a toujours la possibilité de rencontrer le sourire de Karénine.

Par-delà mon analyse de *L'insoutenable légèreté de l'être*, mon plus vif souvenir est d'avoir lu et relu les dernières pages du livre de façon compulsive. À chaque fois, l'enfant que j'étais alors espérait une fin digne des contes de fées : Tereza et Tomas vivraient toujours heureux, avec Karénine dans leurs bras.

Pour autant qu'il soit possible de tout révéler, je dois confesser que mon amour pour Kundera est aussi dû au traducteur de son œuvre en farsi. Ma relation à cet homme est d'ailleurs plus ancienne que ma relation à Kundera.

J'avais un lien très ambivalent avec lui ; un lien très difficile, pour le moins. La plupart du temps, j'étais furieuse contre lui, et encore davantage le reste du temps… Dans ces conditions, comment expliquer que je sois tombée amoureuse de ce livre qu'il venait de traduire ? Je l'emportais partout avec moi, j'en soulignais des passages entiers de diverses couleurs. J'étais devenue une admiratrice de Kundera avec toute l'intensité et la passion que peut avoir le cœur immature d'une jeune fille de 11 ans. J'essayais désespérément de trouver des questions intelligentes à poser au traducteur, qui se contentait de me répondre : « Ma chère et naïve fille, tu es trop jeune pour comprendre. »

Dans mon rêve, Kundera représentait-il mon père ? Aujourd'hui encore m'arrive-t-il d'utiliser Kundera comme je l'utilisais il y a des années, comme une manière secrète, indirecte, de me connecter à mon père, de lui transmettre tout *l'insoutenable* amour que je ressens pour lui ? Vous voyez : j'abuse de Kundera et – ma mémoire le confirme – cela a été le cas pendant plusieurs années.

Au cours de cette période lointaine, après avoir traduit *L'insoutenable légèreté de l'être*, mon père se rendait parfois à Paris. Un jour à bord du vol Téhéran-Paris, il eut l'idée de téléphoner aux éditions Gallimard. Il ne faisait aucun doute pour lui que l'éditeur pourrait le mettre en contact avec l'auteur. Loin de là ! En l'informant poliment du refus catégorique de Kundera de rencontrer qui que ce soit, Gallimard fit éclater en un instant la bulle des illusions de notre traducteur.

Toutefois, chacun sait que les parois du narcissisme ne se brisent jamais si facilement.

Très ébranlé par cette fin de non-recevoir, mon père répondit : « Mais je suis le traducteur de ses œuvres en farsi ! » Et de poursuivre : « Voici mon numéro de téléphone et le numéro de ma chambre d'hôtel. Vous direz à Kundera que je n'ai jamais imaginé qu'il puisse être homme à refuser de rencontrer son traducteur. » Ainsi prit fin la conversation avec le représentant de Gallimard.

Mais tout n'était pas dit. Quelques jours plus tard, la veille de son départ alors qu'il se rend à un dîner, le téléphone sonne, mon père répond et, chose incroyable, à l'autre bout du fil une voix étonnamment familière, bien qu'il ne l'ait jamais entendue : « C'est Milan Kundera », entend-il dans un charmant accent tchèque.

Mon père dévale les escaliers quatre à quatre. Dans sa course, il repense à ce qu'écrit Kundera dans *L'insoutenable légèreté de l'être* : « Seul le hasard est parlant. »

Dans l'entrée de l'hôtel, ce seront alors des heures de conversation. Mon père annule son dîner et accepte une invitation chez les Kundera. Vera est élégante et accueillante. Milan partage avec mon père peintures, photos et pensées ; ces trois-là deviennent amis.

Plus tard, tandis que mon père regagne à pied son hôtel, il se sent en parfaite sécurité dans sa bulle narcissique désormais reconstruite.

Ce traducteur de *L'insoutenable légèreté de l'être*, je viens de l'appeler pour lui dire que j'essaie d'écrire un roman autobiographique. Sans hésitation, il répond : « Tu devrais lire *L'art du roman.* »

Comment *ose*-t-il ? J'ai lu chacun des mots que Kundera ait jamais couché sur le papier ! Il a été mon véhicule secret pour mes communications affectives. Et voilà que mon père me le conseille ! Dans un sentiment mêlé d'agitation et d'incompréhension, j'écoute la suite :

« Tu vois, peut-être devrais-tu écrire tes carnets ; le titre serait *Les carnets d'une psychanalyste à Téhéran*, car l'écriture d'un roman n'est pas chose aisée. On ne devrait écrire un roman que lorsqu'on a quelque chose de nouveau à dire que personne d'autre ne peut dire. Il faut que ça dise quelque chose d'autre par rapport à l'ontologie de la condition humaine ; il faut que ça dérange le lecteur. »

Pourquoi suis-je si remuée ? Comment peut-il avoir une si grande influence sur moi ? J'en suis physiquement affectée. Mon cœur bat la chamade, mon corps est tendu, j'ai du mal à respirer. Toutes mes années d'analyse ne peuvent me délivrer des effets provoqués en moi par le traducteur, mais quelque chose a changé ; il me semble que je réagis différemment. Je lui demande s'il veut que je lui lise ce que j'ai écrit. Il répond : « Absolument. »

Comme une enfant qui fait du patin à glace et demande à ses parents de la regarder, je commence à lire.

Très concentrée, je guette chaque bruit au bout du fil, le moindre mot qui pourrait trahir ce qui se passe dans la tête de mon père. J'étreins le combiné comme si je m'accrochais à la vie, cette vie qui m'est chère. Je suis en sueur, mon rythme cardiaque est maintenant si rapide qu'il résonne en moi. Depuis un bon moment, le contenu de mes pages m'échappe ; je n'y accorde plus aucune attention.

Pour finir, d'une voix détachée et nonchalante – car je refuse d'avouer pas plus à moi-même qu'à quiconque, et encore moins à mon père, à quel point son avis m'importe –, je lui demande : « Alors, qu'est-ce que tu penses ? » Il répond – gentiment, mais d'un ton ferme comme toujours – : « C'est bon. »

Ah, la magie des mots ! Sa dernière phrase chasse toute mon angoisse ; tous mes soucis se métamorphosent en joie pure, en extase. Rien que deux petits mots : « C'est bon. » Comme c'est étrange. Les voici maintenant simples caractères sur le papier ; ils paraissent si impuissants, bien qu'à la lumière de mon expérience je puisse mieux les comprendre. Leur impuissance apparente ne me trompe pas. Je suis bien consciente de leur omnipotence : les mots sont les armes les plus efficaces de l'humanité.

Tout est possible avec eux : ils peuvent nous blesser comme aucune arme de destruction massive ne pourrait le faire ; ils peuvent perturber tout notre système de croyances ; ils peuvent nous donner confiance, nous faire sentir importants. Même l'amour est entièrement redevable aux mots, comme le dit Jacques Lacan.

Bien sûr, je ne prétends pas leur attribuer un pouvoir concret. Nous tenons de Ferdinand de Saussure qu'il n'y a pas de « caninité » dans le mot « chien », pas plus que d'« arborité » dans le mot « arbre ». La relation entre le signifiant et le signifié passe par une convention sociale, déterminée par une communauté linguistique. Elle n'est rien de plus qu'une relation instable et nébuleuse.

À la suite de Saussure, Lacan écrit que « le symbole se manifeste d'abord comme le meurtre de la chose ». Il se réfère ici à la nature modeste du langage, qui déforme cela même qu'il tente de clarifier. Cette absence d'une vérité transcendantale qui existerait pour ainsi dire au-delà du langage fait de lui un medium impossible. La nature même du langage est décevante et ne peut servir qu'à une mauvaise communication.

Cette déception nous entraîne dans le piège qui consiste à chercher une issue à cette ambiguïté en utilisant ce même medium qu'est le langage imparfait, ce qui nous place dans un perpétuel manque ou désir. Lacan écrit : « Le symbole se manifeste d'abord comme le meurtre de la chose, et cela constitue dans le sujet l'externalisation de son désir. »

Pour le dire simplement : les mots concrets verbalisés par mon père ne suffisent pas à expliquer à eux seuls le pouvoir énorme qu'ils ont eu sur moi. C'est parce qu'ils venaient de lui et qu'ils m'étaient adressés, et à cause de la relation affective entre les deux sujets, qu'ils se sont chargés de cette puissance. Mais pourquoi raconter cette histoire ? Pourquoi un tel désir d'écrire, si peu de temps après mon arrivée à Téhéran ? Pourquoi cette impérieuse nécessité ?

Cette histoire en cache-t-elle une autre ? Ce serait là une tentative futile de ma part, puisque la seule façon d'avoir accès à l'histoire que j'essaie d'éviter passe obligatoirement par la tentative de la cacher : c'est-à-dire de raconter cette histoire. Car l'une des fonctions principales de chacune de nos histoires est d'en cacher plusieurs autres. Si nous parlons, n'est-ce pas pour mieux cacher ce que nous voulons réellement dire ? Tentative des plus futile, puisqu'on ne peut pas de ne pas communiquer. Comme Freud nous l'a enseigné, « la fuite est précisément un instrument qui nous livre à ce que nous fuyons ».

Dans *L'ignorance*, Kundera évoque longuement la figure d'Ulysse, et j'en viens à me demander si chez Homère, Ulysse ne raconte pas ses aventures pour cacher sa véritable histoire. Lors de son grand retour, Ulysse aurait-il tenté de cacher sa déception, qui disait à quel point ce retour n'avait rien de grand ? Essayait-il de cacher sa nostalgie de Calypso, la même nostalgie qu'il avait entretenue à l'égard de Pénélope durant vingt ans ? Pauvre Ulysse, comme il a dû être troublé ! La nostalgie est le territoire de la terre natale, du lieu qu'on a quitté ; le public veut désespérément revoir Ulysse chez lui, près de l'olivier qui lui est familier, là où Pénélope l'a attendu toutes ces années. Mais qu'en est-il d'Ulysse lui-même ? N'est-il pas en manque de l'extase goûtée dans les bras de Calypso ? N'a-t-il pas honte de se sentir étranger dans sa propre maison ?

C'est là, je crois, une des prises de conscience les plus décevantes, les plus douloureuses, de la condition humaine : découvrir qu'on n'appartient pas au lieu auquel on est censé appartenir.

Si quelqu'un habite une terre étrangère sans se sentir y appartenir, non seulement la chose est tolérable mais elle peut être, jusqu'à un certain point, agréable. On peut érotiser la souffrance, flirter avec une image de soi comme étranger, devenir un Autre exotique. Mais qu'en est-il d'Ulysse s'il éprouve le même sentiment à son retour ? Ce n'est pas qu'il veuille renverser le processus de son grand retour ; mais que lui arrive-t-il à lui, le grand gardien de la nostalgie, s'il est trahi par elle ? On ne sera donc pas surpris de l'entendre raconter encore et encore son odyssée. Le pauvre Ulysse doit avoir eu beaucoup de choses à cacher.

Cette façon de cacher des choses rappelle le stade égocentrique de l'enfant, lorsque, selon Piaget, il joue à cache-cache. Il ferme les yeux pour se cacher, pendant que l'Autre l'observe. L'enfant croit, tout simplement parce qu'il ne peut voir l'Autre, que l'Autre ne peut pas le voir non plus.

Il a une illusion de sécurité et le sentiment qu'il ne peut être attrapé.

C'est comme s'échapper de la prison de l'Autre pendant son sommeil : nous vivons dissimulés. C'est peut-être là une manifestation de l'angoisse existentielle universelle propre à la condition humaine, qui crée un sentiment d'aliénation. Par là, on voudrait nous faire croire, à tort, que nous sommes ce sujet imaginaire qui vit selon le désir de l'Autre, à l'encontre de la vérité de notre propre désir, ainsi que le dit Lacan. C'est notre façon de nous déguiser en jouant divers rôles, avec pour résultat la servitude. En d'autres termes, les êtres humains sont dans la situation perpétuelle d'être des imposteurs, dans l'illusion de se tromper eux-mêmes et de tromper l'Autre.

Ces pensées me ramènent à mon vol de Téhéran à Boston, il y a quelques semaines. J'étais désormais en familiarité avec les diverses réalités de ma terre natale, réalités dont j'avais entendu parler et auxquelles je croyais être préparée. Je pensais être un sujet parfaitement analysé, qui avait fait l'expérience de l'ambivalence et savait que les choses ne sont jamais toutes bonnes ou toutes mauvaises. Je ne m'attendais pas à trouver le paradis à mon retour.

Mais quelque chose d'étrange s'est produit quand je suis arrivée à Téhéran après vingt ans d'absence. J'ai été prise au dépourvu. Des années de travail acharné ne m'avaient pas préparée à ce que je vais relater. Car tout compte fait, moi, le sujet en apparence parfaitement analysé, non seulement j'attendais bel et bien le paradis, mais j'avais aussi des idées arrêtées sur le traitement que ce paradis devait me réserver.

Et pourtant j'avais passé des années à dire à mes patients, à mes amis, à ma famille, à moi-même, à quiconque me prêtait attention, qu'on est toujours terriblement seul ; que nous sommes destinés à nous sentir incompris : nous ne pouvons jamais trouver un lieu auquel appartenir. Telle est la condition humaine, et le paradis n'est qu'une imagination infantile. Comme je croyais avoir raison en tenant ces propos, comme je me sentais supérieure ! Je comprenais la vision de Sisyphe par Camus, et je l'acceptais ; je pouvais, grâce à elle, faire l'expérience de la liberté et de la subjectivité.

Où s'était donc évaporé tout ce discours intellectuel ? J'avais sans doute secrètement espéré que rien dans ce discours ne fut vrai. J'avais tellement fantasmé à propos de ce grand retour, qui me ferait éprouver un sentiment d'appartenance ; mon retour au lieu même où les gens parlaient ma langue, au sens le plus large du mot ! Je serais chez moi, j'allais vivre où j'avais vécu jadis ; enfin de retour auprès de l'olivier, le mien.

La désillusion fut très pénible à vivre ! Mon grand pays natal n'était pas semblable au souvenir que j'en gardais, et la personne que j'étais devenue n'était pas celle dont les gens se souvenaient.

Revenons à mon vol de Téhéran à Boston : quelques mois après mon piètre retour, je suis retournée à Boston pour une courte visite. L'avion décollait, il faisait nuit. Je voyais la ville que j'avais convoitée toutes ces années, la ville qui m'avait appris la nostalgie, la ville aux montagnes particulières, aux rues superbes, bordées de grands et vieux arbres… Et pourtant, au cours des derniers mois suivant mon retour, j'avais oublié de regarder les montagnes.

J'étais furieuse contre Téhéran de m'avoir maintenue dans le désir toutes ces années, pour finalement ne m'apporter que déception. Je me suis sentie trahie par ma ville, et pourtant, dès que l'avion a décollé, tout est revenu. Je ne pouvais y croire, j'étais à nouveau nostalgique ! Téhéran me manquait déjà ; les souvenirs remontaient, et c'était comme si les derniers mois ne s'étaient jamais écoulés. Est-ce à dire que j'avais une relation sadomasochiste avec ma mémoire ? Quoi qu'elle ait pu faire pour me trahir, je lui accordais ma confiance, mais pour davantage me sentir abandonnée par elle. C'est avec toutes mes illusions, intactes, que j'ai quitté Téhéran.

Madame N. est en retard pour sa deuxième séance. Il est 16 heures passées de quelques minutes et mon imagination se met en branle. À 16 h 05, j'émets une hypothèse : la dernière fois, elle est arrivée avec quinze minutes d'avance et a dû attendre que j'en aie fini avec un autre patient ; désire-t-elle cette fois que ce soit moi qui attende *son* arrivée ? À 16 h 10, je me console à la pensée qu'elle veut jouer serré avec moi ; à 16 h 15, je renonce à toute explication et me laisse encore une fois gagner par l'angoisse, cette angoisse qui, apparemment, va nous accompagner, elle et moi, tout au long du chemin.

Ne viendra-t-elle donc pas ? Je repasse en mémoire notre dernière séance, et je trouve les indices clairs de son désir de revenir. Qu'est-ce que j'ai raté ? Il y a des années que je n'ai éprouvé un tel souci pour un patient. Qu'est-ce qui cloche avec moi ?

À cet instant précis, on sonne ; j'ouvre à Mme N., bien différente de la fois dernière. Aujourd'hui, elle a l'air joli ; elle porte un ensemble en lin, elle est joliment coiffée, et embaume le printemps.

Elle m'informe aussitôt que son retard est dû à l'horrible circulation de Téhéran.

Ah, non ! pas l'excuse du trafic…

Comme tout psychanalyste, j'ai entendu un millier de fois l'excuse de la « densité du trafic », qui revient à dire : « le chien a avalé mon devoir ». Je suis ennuyée et déçue d'un tel argument.

Ma patiente idéale, intelligente, cultivée, réfléchie, extraordinaire, se sert de la plus ordinaire des excuses pour justifier son retard.

Afin de prévenir une autre déception, je reviens à Kundera. Je me souviens que dans son roman *L'identité*, le lecteur découvre que Chantal, une femme brillante, intellectuelle, et en un sens extraordinaire, n'en répond pas moins de façon ordinaire aux lettres d'amour que lui envoie un admirateur secret. Cette même Chantal, si raffinée, cache ses lettres d'amour sous sa lingerie : est-il possible d'imaginer geste plus ordinaire ?

Et pourtant je l'avais trouvée extraordinaire. Son geste ordinaire de cacher ses lettres d'amour sous sa lingerie avait non seulement confirmé, à mes yeux, sa féminité (je ne connais pas de femme qui ne cache ses lettres d'amour sous sa lingerie, ou du moins n'en éprouve le fantasme) mais m'avait aussi permis de me sentir plus à l'aise avec ma propre banalité, à l'accepter et à me la pardonner davantage.

Ainsi réconfortée par ce rappel de la banalité des personnages les plus extraordinaires, j'ai indiqué à Mme N. le divan.

J'avais posé mon carnet sur la chaise pour empêcher le scénario de la séance précédente ; je n'avais pas à m'allonger sur le divan, sauf à être moi-même analysée. Mais ne sommes-nous pas continuellement analysés par nos patients ? Si le patient et moi échangions nos places à tour de rôle, ne serait-ce pas une représentation plus juste de la réalité ?

Avant de poursuivre le récit de ma séance avec Mme N., qu'on me permette une digression. Je sens que le temps est venu de présenter un autre de mes maîtres, le professeur S. Il me revient en mémoire aujourd'hui, j'entends sa voix, avec ses intonations charmantes et ressens la chaleur de sa présence ; il est pour moi le « psychanalyste au grand cœur ». Dans la situation présente, il dirait : « Banale, pas banale, ordinaire, extraordinaire, qu'est-ce que tout cela veut dire, Gohar ? Pourquoi te préoccuper des gens extraordinaires ? Je trouve les gens ordinaires tellement plus intéressants. »

Plutôt que de vous raconter l'histoire de ma relation avec le professeur S., je vous laisse deviner mon passé à travers le récit de l'état actuel de cette relation. Comment, après une relation très intime et très intense de plusieurs années, durant lesquelles il a joué un rôle de première importance dans ma vie et mon organisation psychique, j'ai dû le quitter en même temps que Boston, pour retrouver mon olivier.

Je l'ai vu pour la dernière fois dans son bureau, un lieu qui en lui-même incarnait le passé ; c'était là que j'étais entrée bien des années auparavant, alors que j'étais une personne très différente de celle que je suis aujourd'hui.

C'est là que j'ai pleuré en sa présence tant de fois, là où j'ai appris de lui, là où il s'est montré la seule personne à ne pas faire intrusion dans ma passivité ni ma féminité, là où il m'a patiemment et tranquillement montré le chemin vers la subjectivité, là enfin où nous nous sommes heurtés ensemble au monde entier quand c'était absolument nécessaire, en parlant uniquement ma langue maternelle, alors que je supportais à peine d'utiliser les mots d'une autre langue.

Le professeur S. était devenu un substitut de mon olivier, et son bureau mon espace de transition, où j'avais trouvé la sécurité et l'encadrement nécessaires à un enfant pour grandir.

Je me rappelle combien je chérissais ces heures passées dans le bureau en sa compagnie, sachant que, quel que soit l'état dans lequel j'arrivais, j'en repartais toujours avec un nouveau savoir. Au lieu d'entretenir diverses illusions, le professeur S. me rappelait toujours qu'on ne peut effacer aucune détresse, mais qu'on peut découvrir, grâce à une analyse, son origine. C'est l'optimisme de la curiosité, de la conscience, du questionnement, comme Julia Kristeva l'écrit de manière si élégante.

Ah, comme il avait maîtrisé l'art d'être un professeur et un psychanalyste qui a du cœur ! Et quel que soit le transfert qu'on pouvait faire sur lui, on se sentait toujours compris en le quittant.

Au moment de lui dire adieu, en larmes, je me sentais submergée par toutes mes émotions. J'aurais eu tant de choses à lui dire ! Combien je lui étais reconnaissante ! J'aurais aimé pouvoir lui rendre quelque chose pour tout ce qu'il m'avait donné, pour le simple plaisir qu'il avait de donner, sans jamais rien attendre en retour. À quel point j'appréciais sa façon délicate d'introduire ses critiques ; à quel point il allait me manquer ; à quel point j'avais peur d'affronter le monde sans ses conseils avisés, sa sagesse, sa clarté de pensée. Je n'ai pas prononcé un seul mot, lui non plus, mais pour la première fois dans l'histoire de notre relation, il m'a prise dans ses bras et m'a dit au revoir.

J'ai répondu : « Vous allez me manquer énormément ! »

En refermant la porte du bureau derrière moi, ce bureau qui m'était si familier, qui était devenu notre espace, je me répétais ce que Freud disait à Theodor Reik lors de leur séparation : les gens n'ont pas besoin d'être collés l'un à l'autre quand ils s'appartiennent. J'ai continué à me répéter cette phrase pour soulager la souffrance de cet au revoir à quelqu'un que je savais irremplaçable. Je me sentais entièrement reconnaissante, et m'associais au poème de Forough Farokhzad « Quelqu'un qui ne ressemble à personne » :

Quelqu'un qui ne ressemble à personne.

Il ne ressemble ni à Père, ni à Ensi, ni à Yahya, ni à Mère.

Il ressemble à la personne qu'il doit être.

Sa grandeur est plus haute que les arbres autour de la maison du contremaître
Et son visage est plus brillant que le visage du mahdi.

Non, il n'a pas peur du frère de Sayyed Javad,
Celui qui s'en est allé pour revêtir l'uniforme du policier.

Il n'a pas peur non plus de Sayyed Javad lui-même,
Celui qui possède chacune des pièces de notre maison.

Et son nom, tel que Mère le prononce au début et à la fin des prières,
Est tantôt « Juge des juges » et tantôt « le Nécessaire entre tous ».

Il peut réciter, les yeux fermés, tous les mots difficiles du livre de troisième année.
Et il peut même retrancher mille de vingt millions sans se tromper.

Il peut même acheter à crédit tout ce dont il a besoin au magasin de Sayyed Javad.
Et il peut faire en sorte que l'enseigne lumineuse d'Allah

Jadis aussi verte que l'aube
Puisse encore briller dans le ciel au-dessus de la mosquée de Meftahiya…

Pour des raisons qui sont pour moi toujours aussi énigmatiques, voici l'histoire qui m'est revenue après avoir fermé la porte.

Je me suis rappelé, en souriant, qu'un jour à Boston, au milieu d'un hiver rigoureux, j'avais reçu un message de ma superviseuse. D'une voix angoissée, elle me disait : « Rappelle-moi immédiatement ; tu as des ennuis. »

Ce message me convainquit que j'allais devoir affronter les conséquences de tout ce que j'avais fait de mal dans ma vie. J'allais subir des châtiments pour toutes ces petites choses auxquelles j'étais sûre d'avoir échappé, et tous les péchés graves que j'avais commis.

Je voulais la rappeler et lui dire : « Évidemment j'ai des ennuis : si tu savais ce que j'ai fait depuis que je suis petite fille ! Les gens ont-ils finalement découvert mon imposture ? » (L'imposture dont je parlais plus haut.)

Ce jour-là, je pensais que tous mes péchés allaient y passer, jusqu'au larcin de savonnettes de couleur que mon frère et moi, enfants, avions dérobées dans un magasin. Portant sur mes épaules le poids des fautes de l'humanité, je me suis traînée vers l'unique endroit où j'avais toujours l'habitude d'aller dans les situations désespérées : le bureau du professeur S., le seul lieu où me confesser ne me coûtait pas.

Je me suis ouverte à lui à propos des châtiments qui m'attendaient. Il m'a écoutée attentivement, puis a dit : « Gohar, tu es grandement coupable de plusieurs péchés, en particulier d'avoir eu des fantasmes œdipiens, préœdipiens et plusieurs autres fantasmes malveillants. Tu es effectivement sinistre : cependant, je t'assure que tu n'auras pas aujourd'hui à payer pour tous tes péchés. Rappelle immédiatement et mets un terme à ce nonsens. » Personne n'a été le moins du monde surpris quand ma superviseuse m'a appris que j'avais oublié dans son bureau mon exemplaire de *L'immortalité* de Kundera. Or, elle était convaincue que les gens qui laissent derrière eux leur immortalité courent après les ennuis.

Mes associations me détournent complètement de ma patiente et me rapprochent davantage de ce matin ensoleillé de Téhéran.

C'est l'une des caractéristiques les plus prisées de ma ville : le soleil est au rendez-vous, chaque matin, tel un amoureux fidèle. Il m'est déjà arrivé de demander à une amie anglaise : « Pourquoi as-tu choisi de vivre à Téhéran ?

– À cause du soleil, m'a-t-elle répondu. Pour vous c'est un acquis, mais pour un Londonien, savez-vous ce que cela représente des journées ensoleillées, jour après jour ? Non, vous ne pouvez pas le savoir ; le soleil vous l'avez toujours eu. Vous n'avez qu'à l'attendre, et vous n'êtes même pas déçus si un jour il n'est pas là ; vous trouvez la pluie romantique. Vous vous dites : "C'est bien, nous avons de la pluie ; le pays a besoin d'eau." Vous pouvez vous permettre de si pompeux commentaires parce que vous savez pertinemment que le soleil revient toujours chez vous. Je déteste la pluie ; je préférerais voir la sécheresse s'abattre sur mon pays que de supporter ne serait-ce qu'une goutte de pluie. Ai-je répondu à ta question ? »

En un sens la Londonienne n'avait pas tort. Il semble bien que les Iraniens ont tendance à érotiser la mort, le deuil, la tristesse et la dépression, le tout associé à la pluie. Cela n'aurait-il pas quelque rapport avec notre Œdipe, un garçon nommé Sohrab ?

Notre mythe célèbre « Rustam et Sohrab », extrait du *Livre des rois* (*Shahnameh*) de Ferdousi, présente une trame très similaire à celle d'*Œdipe roi*, si ce n'est que le père, inconsciemment, finit par tuer son fils. La mythologie grecque est peuplée de mythes sur le meurtre des pères, alors qu'il est impossible, dans toute la mythologie iranienne, d'échapper au motif commun du meurtre des fils.

Je suis convaincue de l'universalité du complexe d'Œdipe, et de la lutte pour le pouvoir et le contrôle qu'il représente alors qu'il incarne en lui-même la peur universelle de la castration ; toutefois, l'élément culturellement spécifique semble résider dans la façon de réagir à cette crainte.

Mon hypothèse est que le fantasme iranien collectif est ancré dans une angoisse de désobéissance qui aspire à une obéissance absolue. Les fils, tout en désirant se rebeller, savent inconsciemment que s'ils le font, ils risquent la mort. Par conséquent, ils se préparent, en un certain sens, à la peur de la castration. Je considère que c'est là une caractéristique des cultures traditionnelles.

Nous savons que les lois sont développées pour réagir à certains problèmes de la société et les résoudre. Au cœur de l'histoire de l'Iran, nous pouvons encore distinguer l'exigence d'une obéissance absolue en tant que réaction à l'angoisse d'un possible esprit de rébellion de la culture (les fils, dans ce cas). Paradoxalement, cette culture qui se présente comme une culture de l'obéissance est en réalité une culture de rébellion intérieure.

La culture grecque de son côté semble tournée vers la conquête et la substitution du pouvoir. Le fantasme collectif permet d'écarter le père et même de l'éliminer à cause de la peur de la castration, et dans le but d'obtenir pouvoir et contrôle.

Cela revient à dire qu'en Iran les lois sont respectées, pour autant et aussi longtemps que la police, la loi et le père sont présents. Sinon, dans cette culture de non-rébellion, tout acte de rébellion deviendrait possible.

N'est-ce pas aussi ce que l'on observe dans les différences entre catholicisme et islam ? Islam signifie soumission et requiert l'obéissance absolue à Dieu le père, alors que dans le christianisme, la démarcation entre le Père et le Fils n'est pas aussi claire. Les religions paraissent des constructions sociales faites pour combler les fantasmes collectifs de cultures différentes. Une analyse de l'histoire de l'Iran révèle qu'elle a toujours été un « one-man-show », alors que la démocratie est née à l'intérieur de la société grecque et en constitue l'essence.

En Iran, on peut noter une discontinuité par rapport au passé et au futur, parce que nous avons tué nos fils, notre avenir. Le discours de Ferdousi transmet beaucoup de douleur, de tragédie et de deuil. Nous avons tué nos fils, nous nous sommes aliénés, et nous avons développé une culture du deuil, parce que nous avons détruit et tué la meilleure partie de nous-mêmes. Nous avons sacrifié notre avenir et nous nous sommes emmurés dans le passé, en érotisant la douleur et la souffrance et en ne célébrant plus que notre passé.

Le discours de Ferdousi fournit-il un diagnostic de l'état de la société iranienne ? Il essaie du moins de nous avertir, de nous réveiller. Son discours est celui d'un dépressif.

À vrai dire, nous n'avons jamais fait le deuil de la perte de notre passé glorieux d'avant la prise de contrôle par l'islam. En réaction, nous avons créé le chiisme, qui est une culture du deuil, une façon de faire le deuil de notre passé symbolique. À travers ce deuil perpétuel, nous tentons de maîtriser le traumatisme d'avoir perdu soudainement le sens de notre identité.

Daryoush Shaygan nous apprend que le passé iranien regorge de mythes et d'épopées inscrits dans le *Shahnameh*, où il est fait continuellement allusion au bon comportement de nos ancêtres, aux croyances et aux actions de nos héros et aux mythes de nos grands rois. Cette mémoire dessine les contours d'un inconscient collectif très marqué par la nostalgie.

On ne doit jamais perdre de vue que dans un pays comme l'Iran, le passé est omniprésent. En vérité, malheureusement, nous respirons un air chargé de regrets, selon les mots de Shaygan. Au risque de contredire la Londonienne, j'avoue avoir trouvé le soleil de Téhéran déprimant ce matin ; son éclat ne m'a pas permis d'échapper au lieu où je suis, car il m'a immédiatement ramenée au lieu où j'avais atterri.

Le sentiment de culpabilité causé par le fait de ne pas apprécier le soleil me ramène à ma séance avec Mme N., qui l'avait commencée par ces mots : « À cause de mon arthrite, j'ai dû aller à l'hôpital il y a quelques mois. Je vous raconte cette histoire parce que toute cette expérience m'a apporté de l'humilité et même un amour plus grand pour mon peuple. Tout le monde était si chaleureux, si attentionné. Certes, ils étaient constamment après moi ; ils ne me laissaient pas cinq minutes de tranquillité pour lire, mais je me sentais davantage en vie dans cette chambre d'hôpital à Téhéran que dans les plus beaux et les plus luxueux hôtels du monde. Vous connaissez notre peuple : les Iraniens ont beaucoup de torts, mais ils sont doux, le contraire absolu des Français. »

À ces mots, j'ai ressenti une forte culpabilité. Mais pourquoi me sentir coupable ? Était-ce parce que je ne trouvais pas particulièrement doux les gens de mon pays d'origine ? Je n'éprouvais pas de sentiment d'appartenance vis-à-vis d'eux ; je trouvais les hôpitaux chaotiques, et non pas douillets. J'appréciais mieux la distance qu'il y a entre les gens en Occident, surtout quand on veut être seule ou mener à bien un travail. Je veux bien que tout le monde paraisse si chaleureux et si attentionné ici, mais n'est-ce pas une excuse pour passer notre temps à boire du thé et justifier notre paresse ? Je ne veux pas devenir paresseuse.

Mais que dis-je ? Loin de Téhéran, j'ai passé vingt ans à me plaindre continuellement auprès de mes amis du monde entier, à leur dire à quel point me manquait le genre de contact et d'intimité qui prévalent dans les relations en Orient. Tout comme Mme N., je détestais la froideur – le *néant*, dans un sens – qui accompagnait toutes nos vies en Occident. Hors d'Iran, personne de plus iranien que moi et, à l'intérieur de l'Iran, personne de moins iranien. Dans ces conditions, j'ai bien du mal à me reconnaître aujourd'hui. Où est donc passé cet amour inébranlable pour mon pays ? Que vais-je faire de cette nouvelle connaissance de moi-même ? du mirage qui s'est dissipé et au-delà duquel je dois faire face à moi-même en tant que citoyenne privée du moindre patriotisme ?

Les Occidentaux souffrent peut-être d'une insoutenable légèreté de l'être, mais en Iran, c'est la pesanteur qui devient insoutenable.

Sommes-nous condamnés à nous sentir coupables sous prétexte de n'être pas absolument enchantés par nos pays d'origine ? Devons-nous nous torturer parce que nous avons, en un sens, quitté la *mère* patrie, et que nous sommes désormais incapables d'y revenir tout à fait ? Sommes-nous censés ressentir une trahison à l'égard de nos *mères*, parce que nous avons cru avec Proust « … que les seuls vrais paradis sont ceux que nous avons perdus » ? Devrions-nous être considérés comme des traîtres cruels par rapport à nos *mères* patries si nous ne souffrons pas pour notre pays d'origine ?

Il semble que nous soyons destinés à souffrir de culpabilité si nous ne pouvons pas voir notre mère patrie autrement que parfaite, et si nous avons pris conscience que nous ne pourrons trouver notre paradis nulle part, encore moins dans notre pays d'origine, et que notre paradis est perdu à jamais. C'est là, toutefois, le matricide incontournable pour tout enfant qui veut se développer, comme l'a exposé Melanie Klein selon la lecture qu'en a faite Julia Kristeva : « Pour penser, on doit d'abord perdre sa mère. »

Revenons à Mme N. qui essaie de me persuader des charmes de notre ville. (Je me demande d'ailleurs qui elle essaie de convaincre au juste. Moi ou elle-même ? Car ce que les gens disent vouloir n'est jamais ce qu'ils veulent vraiment. En outre, en névrosés que nous sommes, nous disons toujours ce que nous ne voulons pas dire.)

Madame N. continue : « Laissez-moi vous donner un exemple. J'ai vécu dans mon immeuble à Paris durant vingt-trois ans ; aucun de mes voisins n'a jamais frappé à ma porte, ne fût-ce qu'une fois. Nous avons tous vécu là durant des années et nous ignorions tout les uns des autres, absolument tout. J'ai toujours pensé à l'horreur d'un de nos corps se décomposant pendant des mois dans un appartement vide, où il commencerait à empester la charogne ; le corps recouvert d'insectes qui le grignotent. Peut-être y aurait-il même un chat qui arracherait les yeux pour jouer avec, les projetant tout autour et laissant des traces de sang partout dans la pièce. Jusqu'à ce qu'une odeur dégoûtante amène quelqu'un à se souvenir : "Oh, il y a d'autres personnes dans cet immeuble !" Oui, c'est seulement par la mort d'un voisin que nous nous rappellerions que jadis des personnes ont existé, qu'elles étaient vivantes. Mais jusque-là nous n'aurions pas eu besoin d'eux ni porté intérêt à leur vie.

D'un autre côté, vous savez, docteur, une semaine après avoir déménagé en Iran, j'étais incapable de réussir à faire quelque travail que ce soit. Tous mes projets ont pris du retard et je me suis soumise sans la moindre résistance aux pratiques orientales. C'était comme si toutes ces années de ponctualité, de travail acharné et d'organisation impeccable, m'avaient conduite là où je le souhaitais, et où la moitié de mon temps se passait en réalité à divertir un voisin qui se présentait sans s'annoncer et m'apportait des bonbons, de la nourriture ou des fruits du village d'un grand-père ; et le reste du temps était consacré à penser à mettre quelque chose dans leurs pots, leurs assiettes et leurs paniers désormais vides et à frapper à leur porte sans m'être annoncée, pour leur rendre leur générosité.

Évidemment, chaque coup frappé à la porte débouchait sur une invitation à un café ou un thé, avec toujours plus de friandises, de nourriture et de fruits du village d'un grand-père.

Tout le monde à Téhéran semble frapper à la porte de tout le monde, et toujours sans prévenir.

J'aime cela : c'est la vie et c'est la douceur à laquelle je faisais référence. Vous pensez sans doute que c'est un cliché, mais ça ne l'invalide en rien.

Je déteste la solitude, l'individualisme, le manque de relations humaines et de contact qui n'est pas particulier à la France, mais que j'ai découvert comme étant une caractéristique générale de l'Occident. Les gens sont beaucoup moins seuls en Orient, et ils sourient davantage qu'en Occident – c'est un fait que j'ai vérifié personnellement. Il y a une qualité de solitude tellement différente en Orient. Je suppose que c'est pour cette raison que l'Occident éprouve un tel désir au souvenir de l'Orient. D'ailleurs, au cours des dernières années, les Occidentaux ont commencé à aspirer à la simplicité et à la lenteur du temps en Orient par la méditation, le yoga et le bouddhisme. Vous voyez, il y a quelque chose qui ne marche pas en Occident, car ils cherchent en Orient quelque chose qui puisse les faire sourire. »

Je me sens déchirée par mon surmoi qui me hurle : « Tu es l'analyste ! Écoute ce qu'elle dit, à qui elle le dit, et pourquoi elle le dit maintenant. Que veut-elle dire exactement ? Pense à son besoin psychique interne d'établir une séparation entre eux et nous : l'Orient comme source universelle de la bonté, le cœur généreux et tendre, l'Occident représentant tout ce qui est toxique, dangereux, inhumain et cruel, autrement dit, le cœur malveillant. » Mon surmoi m'indique d'envisager ma patiente du point de vue du déni, des ruptures, projections et autres formes de défense. Il me dit d'essayer de comprendre son fantasme inconscient. Mon surmoi voudrait-il que j'établisse une connivence avec elle ? Ne sommes-nous pas deux Iraniennes, de générations différentes, et toutes deux revenues récemment à la *mère* patrie ?

Mais une autre partie de moi ne veut pas entendre le discours de Mme N. d'une oreille analytique ; je voudrais m'engager dans une discussion avec elle. Je voudrais lui dire : « Écoutez, madame N., nous sommes d'accord, il y a des choses qui ne marchent pas en Occident, mais considérez-vous qu'en Orient les choses fonctionnent ? Oh ! de grâce, voyez l'Inde, où tous les yogis du monde sont incapables d'endiguer la famine. Avez-vous déjà fait l'expérience de la poste à Téhéran ou de la banque ? Non, ça ne marche pas. » Mais je ne veux pas en rester là. Je voudrais dire à Mme N. : « savez-vous ce qui m'est arrivé hier ? »

Hier, dans le grand hôpital psychiatrique de Téhéran, j'ai été réellement impressionnée et, je dois l'admettre, stupéfaite du niveau d'organisation. J'ai observé. J'attendais le psychanalyste avec lequel j'avais rendez-vous (il avait déjà une heure en retard, sans doute prenait-il le thé avec son voisin). En raison du grand nombre de patients, j'hérite de deux dossiers, et reçois dans un bureau une grosse femme, portant dans ses bras, sa petite fille, âgée de 1 an.

Je prends les choses en mains : je lui demande pourquoi elle est ici. Elle répond de façon hystérique, elle pleure, crie, se frappe, tandis que la fillette reste silencieuse. Toujours plus hystérique, je ne comprends pas un mot de ce que dit cette femme, mais le visage du bébé s'apaise. La mère hurle. Je ne distingue pas un seul mot, au contraire j'entends haut et fort le silence de la fillette. Il est vrai que si on veut être entendu, mieux vaut ne pas hurler mais murmurer, comme nous le rappelle Theodore Rilke.

La grosse femme me demande une lettre pour faire hospitaliser de son mari. D'après le dossier, cet homme souffre à la fois de dépendance et de schizophrénie. À voir les yeux implorants de l'enfant si calme, je crois l'entendre murmurer : « Donnez tout simplement cette fichue lettre à ma mère, pour que je puisse avoir un moment de paix. » J'accepte.

Nous nous dirigeons vers le bureau du directeur. Cet homme est devenu une figure légendaire de l'hôpital parce que, bien que très peu payé, il a réussi depuis quarante ans à travailler, sans interruption, avec le cœur d'un oriental et l'esprit d'un occidental. Il est ponctuel, organisé et empathique envers chacun des patients. Connaissant sa réputation, je lui soumets mon cas et lui demande cette lettre pour ma patiente et sa fillette.

Il écarquille les yeux, stupéfait, non sans envier un peu mon ignorance totale du fonctionnement de cet hôpital.

D'une voix à peine audible tant elle est douce, la légende vivante prononce les mots suivants : « Mon cher docteur, que se passera-t-il si j'écris cette lettre et si, lorsqu'on l'amènera ici, nous n'avons pas de lit pour lui ? Devrais-je le prendre chez moi ? »

Ma patiente, semble-t-il, n'a plus besoin de mes services. Elle rétorque du tac au tac : « Eh bien, qu'est-ce que je suis censée faire ? Le garder à la maison pour qu'il me batte jour et nuit ? » Le médecin de légende répond à la riposte de la dame : « Vous savez, ma fille, nous aurions dû naître tous les deux en Suède ; dans ces conditions, nous pourrions nous parler sur d'autres bases. »

Je me sens comme une étrangère ; ils ont l'air de bien se comprendre, alors que pour moi ils pourraient tout aussi bien parler suédois.

La grosse dame, désormais calmée et décontractée, enchaîne : « Si vous regardez une carte, finalement la Suède n'est pas si loin de l'Iran. »

À quoi la légende répond : « Ma chère et perspicace fille, ne les enviez pas car, d'après ce qu'indiquent les statistiques, tous les privilèges dont ils bénéficient ne semblent pas les empêcher de se suicider en grand nombre. » Ils se mettent à rire, la femme et la petite fille se sourient ; le médecin offre alors des friandises et du thé, comme si toutes leurs pensées étaient à mille lieues des lits vacants et des Suédois.

Pour m'associer à la belle chorégraphie de ce ballet, je dis : « Pourquoi n'écririez-vous pas cette lettre, tout en soulignant que la demande est conditionnée par un lit vacant ? »

Il me répond : « Je le ferai, docteur, je le ferai. Finissons notre thé. »

Alors que cette histoire se voulait exemplaire de ce qui ne marche pas en Orient – exemple clair comme de l'eau de roche –, elle finit par mettre en relief ce que Mme N. décrit comme la chose qui semble manquer en Occident, et que le cœur d'un Oriental a maîtrisée.

Ici me revient en mémoire Pande, cité dans le livre de Salman Akhtar, *Immigration and Identity* :

> « Pour l'Orient, relativement parlant, le passé, le présent et le futur se fondent l'un dans l'autre ; pour l'Occident, ils sont des entités distinctes. Pour l'Orient, l'expérience du temps est comme de l'eau accumulée dans une piscine (parfois stagnante) ; pour l'Occident, le temps est davantage comme de l'eau qui coule dans un ruisseau, et on est vivement conscient que ce qui s'écoule, s'écoule à jamais. »

Madame N. poursuit : « À Téhéran, je connais les histoires de tous mes voisins. Je sais que M. F., au troisième étage, n'est pas marié, qu'il est rarement chez lui et qu'il fait partie des cercles intellectuels de la ville.

Il a un sens très personnel de l'humour et il gagne sa vie en faisant un travail intellectuel ce qui, comme chacun le sait, est un chemin vers la pauvreté ! J'ai toujours pensé que si quelqu'un pouvait légitimement être marxiste, ce serait bien lui. Et pourtant, lorsqu'il m'a apporté du pain frais hier, il a réagi avec colère à la vue de mon poster de Che Guevara !

Il m'a dit : « Vous venez d'une famille riche, aristocrate, et vous affichez un portrait du Che ! Pourquoi les gens comme vous ne savent-ils pas que le Che et ses compagnons sont pour le moins mauvais avec eux ? Comment faites-vous pour ne pas comprendre que vos privilèges et votre style de vie sont menacés par des gens de cette espèce ? Pourquoi ne faites-vous pas la différence entre ce qui est bon pour vous et ce qui vous menace ?

Que les ouvriers soient marxistes, passe encore, c'est plus facile à digérer. Mais vous, pourquoi ne réfléchissez-vous pas ? Comment pouvez-vous admirer et suivre une idéologie qui contredit tout ce à quoi vous adhérez ? Et, de grâce, ne me dites pas que c'est pour des raisons humanistes, que vous êtes prêts à sacrifier vos privilèges au bénéfice de ceux qui sont moins fortunés que vous. Je ne crois en aucune forme d'altruisme, et si nous suivions tous en conscience ce qui est bon pour nous, nous aurions un monde plus agréable et plus civilisé.

À cause de votre poster ridicule, j'ai changé d'idée ; ne me présentez aucune femme ; je ne veux pas que vous me présentiez à quelqu'un d'excentrique, d'étrange ou de différent. Je veux quelqu'un qui aime manger du caviar, qui apprécie le bon vin, qui a une apparence soignée. Quelqu'un qui n'associe pas la vie intellectuelle au fait de ne pas porter de rouge à lèvres, de ne pas aller chez la manucure, et de ne pas prendre de douche.

Habitants de Téhéran, écoutez-moi, s'il vous plaît : Mai 68 est terminé depuis longtemps ; faire comme si le temps n'avait pas passé est l'incarnation même de la banalité. Vous pouvez porter des talons aiguille, vous pouvez aimer l'argent, le luxe et le confort, vous pouvez mettre du vernis à ongles et du rouge à lèvres tout en étant une intellectuelle, si c'est ce que vous désirez.

Ce qui compte avant tout, c'est d'être authentique : soyez vous-mêmes, car toute autre identité est déjà prise. Si vous n'agissez pas selon votre propre désir, vous êtes condamnée à être prisonnière ; la seule variable sera votre geôlier. Un jour, votre geôlier décrètera que le maquillage est l'ennemi, alors qu'un autre jour, il vous informera que toutes les intellectuelles doivent en porter. S'il existe une seule possibilité de réduire votre esclavage, c'est de suivre votre propre désir et de devenir qui vous êtes.

Que signifie au juste être un intellectuel ? Ces catégories ne sont pas immuables et personne n'est d'accord là-dessus ; elles varient, sont relatives et ne veulent pas dire la même chose d'une culture à l'autre.

N'étiquetez pas les gens comme non-intellectuels simplement parce qu'ils conduisent des voitures de luxe ; tout cela ne traduit que le manque, le vide, l'insignifiance que vous ressentez en vous-même et que vous projetez sur eux. Je commence à détester les intellectuels de cette ville ; ils se croient tenus de ne pas marcher sur le trottoir comme tout le monde, d'emprunter les chemins les plus sales et les plus tortueux, et leurs vieilles godasses finissent par dégager une mauvaise odeur de sueur. Voilà ce que veut dire pour eux être un intellectuel. C'est pitoyable ! Pourquoi ne marcheraient-ils pas sur le trottoir pour aller quelque part, peu importe où ? Peut-être n'ont-ils rien à faire, rien à enseigner, rien à dire ; peut-être que, sans cette panoplie de vieilles godasses, barbes non taillées et comportement étrange, ils seraient obligés de prendre conscience de leur banalité ; peut-être se défendent-ils ainsi de la révélation d'être nuls. Et pas n'importe quels nuls, des nuls malodorants, aux cheveux longs et gras.

Pour l'amour du ciel, ne me présentez personne de cet acabit ; présentez-moi quelqu'un qui ne soit pas banal. »

En tant qu'analyste, le discours de ma patiente éveille en moi un grand intérêt et me stimule ; je trouve la colère de M. F. très authentique et son langage, passionné. J'y entends une sorte de souffrance, qui semble être notre point commun à tous les trois. La banalité, pour des raisons qui sont propres à chacun de nous, nous torture.

Je veux en savoir plus sur cet homme. Sa haine de la banalité s'apparente à la peur personnelle que j'en ai. Toutefois, je me tais, craignant que toute intervention de ma part ne coupe l'élan de Mme N.

Elle poursuit : « La banalité est intéressante, n'est-ce pas ? J'ai répondu à M. F. que la banalité est partout. Elle n'est pas seulement à Téhéran, ce n'est pas seulement ce groupe de personnes qui souffre de la banalité. Je lui ai fait savoir que la banalité s'empare du monde au même titre que les jeux vidéo.

Nous sentons tous deux que la banalité nous met en échec ; que faire ? Nous nous sentons de plus en plus seuls ; tellement de gens sont infectés par la banalité, et si peu savent y échapper !

Pour M. F., la banalité ne connaît ni la couleur de peau, ni le sexe, ni la classe sociale ; la banalité traverse les cultures. La banalité est populiste.

Je lui ai alors demandé ce qu'il en était des rares personnes qui n'ont pas été affectées par la banalité. Ce pourrait être une piste pour nous. Si seulement nous pouvions découvrir comment elles ont échappé à ce venin, peut-être pourrions-nous trouver un antidote à la maladie ; peut-être pourrions-nous sauver les gens de la banalité ?

Monsieur F. m'a répondu : « J'ai déjà interrogé ce petit groupe de personnes. Je leur ai demandé comment ils ont fait pour échapper au piège si séduisant de la banalité.

Ils trouvent cette question et ce genre de discours parfaitement banals ; ce problème les ennuie, ils ont mieux à faire, et moi aussi je trouve d'ailleurs ce discours complètement banal." »

Dans la mesure où je suis moi-même devenue partie intégrante du dialogue entre Mme N. et M. F., je ressens leur désespoir. Je voudrais leur offrir mon remède à tout ; alors, de manière impulsive, et pour couper court à la désespérance qui a gagné la séance, je dis : « Pourquoi ne faites-vous pas psychanalyser la banalité ? Mettez la banalité sur le divan. Tant qu'elle est sous contrôle, tant qu'elle est remise en question, je puis vous assurer qu'il y a de l'espoir. »

Madame N. poursuit calmement : « Monsieur F. et moi avons été préservés jusqu'à maintenant, et je ne doute pas que nous soyons immunisés contre la banalité, aussi forte et puissante soit-elle. *Vous* devez simplement résoudre l'énigme de ce qui nous protège de la banalité. Réfléchissez-y sérieusement. »

À présent, je ressens de l'irritation ; ma patiente vient-elle de m'étiqueter banale ? L'évolution de la séance me frustre ; je me dis que Mme N. a réussi une fois de plus à me chasser de ma chaise, en me séduisant par l'intérêt de son discours. Ma fascination m'a empêchée de penser comme une psychanalyste. Je ne me suis pas demandé pourquoi ma patiente me racontait cette histoire à propos de M. F., et pourquoi, quand elle l'a fait, elle l'a introduit dans notre relation. Et comment expliquer que je dérive dans mes propres pensées jusqu'à perdre de vue Mme N. : est-ce une défense ? Pourquoi cette dérive a-t-elle commencé par l'apparition du professeur S. dans la séance ? Avais-je besoin de ses conseils ? Et pourquoi, en général, suis-je si préoccupée par ma position d'analyste ? Pourquoi ne suis-je pas capable d'apprécier cette patiente fascinante, qui en tant que patiente fait ce qu'elle a à faire, c'est-à-dire parler ?

C'est décidé, je vais me concentrer sur son discours ; je vais me redresser, mettre mes lunettes, et l'écouter avec une « troisième oreille », en bonne analyste.

J'ai beau me considérer depuis des années comme l'incarnation de la postmodernité, il faut croire que je ne suis absolument pas capable d'échapper, ne fût-ce qu'une minute, à la signification qu'a prise pour moi le fait d'être psychanalyste, dans ma structure psychique.

Je demande à Mme N. ce qu'est pour elle une personne non banale.

Elle réplique aussitôt : « Après avoir réfléchi à cette question pendant des années, j'ai trouvé une différence entre ceux que je catégorise comme banals et ceux qui ne le sont pas : les personnes non banales comme moi ont pris leur destinée en main et avec courage ; nous avons assumé la subjectivité, nous ne croyons pas que les choses nous tombent dessus, et nous nous considérons responsables de nos actes ; nous ne sommes pas des victimes, nous faisons des choix, la conscience est notre lot.

Mis à part ça, je dois vous dire que je ne fais aucune différence entre les gens. Sans doute quelques-uns possèdent-ils quelques paires de chaussures de plus que les autres. Vous voyez, il semble que j'ai un faible pour les chaussures ; j'utilise tout le temps les chaussures comme métaphore pour expliquer les choses. »

Peu à peu, sa façon de parler finit par me charmer. J'aime ce qu'elle dit et comment elle le dit, pourtant je ressens une légère angoisse car insensiblement – cette fois, de mon propre gré –, mon oreille analytique décroche. Madame N. n'est peut-être pas en cause, mais seulement moi. Je suis en proie à la fascination, je voudrais dîner avec elle et avec M. F. Je voudrais devenir leur amie ; c'est moi qui ne veux pas de Mme N. comme patiente. Ces idées m'angoissent. Aussi je lui lance une phrase analytique type :

« Pourriez-vous préciser votre pensée ?

– En fait, je voudrais raconter mon week-end à Shiraz avec quelques-uns de mes étudiants en peinture.

Mon Dieu, que cette région est belle ! L'architecture est à couper le souffle. À Shiraz, tout rappelle l'antiquité de l'Iran, la richesse de sa culture et l'ancienneté de sa poésie. Les mots me manquent pour rendre justice à ce que peut représenter une visite à Shiraz au printemps.

Tout au long du voyage, des souvenirs me rappelaient la fidélité du printemps, et comment il ne m'a jamais trahie en Iran ; il arrive toujours à temps et apporte avec lui tout ce qu'il a promis : les fleurs et leurs odeurs enivrantes, le chant des oiseaux, les ondées passagères, et toujours des fleurs. Au printemps, la ville est envahie par le parfum des fleurs d'oranger. Dans plusieurs régions, le printemps répond au fantasme qu'on peut avoir d'un printemps idéal. En Iran, le printemps embrasse tout ce que les imaginations les plus folles lui réclament et fait en sorte de le réaliser.

Mais, docteur, pourquoi pensez-vous que je trouve le printemps si déprimant ? Est-ce parce qu'il vient dans toute sa force et s'impose à tous ? Est-ce parce qu'il nous est impossible de l'ignorer et de lui échapper ? On a l'impression d'être kidnappée ; non, d'être violée plutôt. Si je trouve le printemps déprimant, c'est peut-être qu'à travers lui, nous devons affronter tout ce qui représente la vie, la naissance, la jeunesse, alors que nous avons une conscience aiguë de vieillir et de nous rapprocher de la mort. Vous connaissez la citation de Simone de Beauvoir :

"C'est la vieillesse, plutôt que la mort, qui doit être mise en contraste avec la vie. La vieillesse est une parodie de la vie, tandis que la mort transforme la vie en une destinée ; d'une certaine façon, elle la préserve en lui donnant une dimension d'absolu. La mort élimine le temps." Par conséquent, à cause de l'association inévitable du printemps avec la vie, on ne peut échapper à son contraire absolu, la vieillesse.

Ce que je vous dis vous semble-t-il insensé, docteur ? Si c'est le cas, tant pis. Avez-vous vu le film de Buñuel, *Belle de jour* ? À la fin, les personnages quittent la scène en carrosse, avec en bruit de fond *dum, dum, dum !* C'est comme ça que je voudrais quitter la scène, *dum, dum, dum.* »

Quant à moi, l'analyste, je suis cette fois totalement conquise par le discours de Mme N. Subjuguée. Elle a sur moi une emprise comparable à celle qu'elle prétend avoir sur sa propre destinée.

Elle poursuit : « Un jour, dans un restaurant de Shiraz, j'ai vu un groupe de femmes qui portaient toutes le tchador, vous rendez-vous compte ? Toutes en noir au cœur de ce jour de printemps que je viens de vous décrire. J'ai décidé de me joindre à elles ; je me suis assise à leur table et leur ai demandé : "Comment se fait-il que vous soyez en noir des pieds à la tête ? Est-ce que quelqu'un vous force à vous habiller comme ça ? Vous savez, le noir est la pire couleur à porter, il capte toute la chaleur à l'intérieur, tandis que le blanc, c'est le contraire. Expliquez-moi pourquoi vous ne portez pas de blanc par un si beau jour de printemps." Les femmes m'ont regardée, la plus vieille a répondu d'un ton très détaché : "Madame, vous parlez peut-être le farsi très élégamment, mieux que nous, mais il est évident que vos subtilités de langage ne sont pas à même de nous comprendre. Nous avons beau parler la même langue vous et moi, nous ne nous comprenons pas pour autant. Nous parlons en fait des langues très différentes." Vous voyez, docteur, cette femme n'était pas banale. »

Bien que je prenne plaisir à l'histoire de Mme N., ses derniers mots restent plantés en moi comme un couteau dans le cœur. Cependant la psychanalyste que je suis encore entend ce que Mme N. essaie de faire passer : d'une certaine façon, elle sent que *nous* ne nous comprenons pas elle et moi, que *nous* ne parlons pas le même langage. Le message de ma patiente idéale ne laisse aucun doute : elle ne trouve pas en moi l'analyste idéale.

Telle une amoureuse blessée, je lui dis que c'en est assez pour aujourd'hui. Au moment de partir, peut-être est-elle consciente de la portée de son message et comment celui-ci a été reçu. Avec ce que je perçois comme une certaine culpabilité, et peut-être pour restaurer notre relation, elle me tend un délicat brin de muguet, qu'elle sort de son sac à main jaune, et dit : « J'ai oublié que j'avais apporté ceci pour vous. Je l'ai cueilli dans mon jardin. »

Déconcertée par ce qui vient de se passer et sans y réfléchir davantage, je la remercie alors qu'elle s'en va.

Je n'interprète pas son geste. Non seulement elle s'est levée, pour marquer la fin de la séance, mais aussi, à dire vrai, avec ce brin de muguet, elle a opportunément allégé mon désespoir de ne pas avoir été l'analyste idéale de ma patiente idéale. Comme les personnages les plus ordinaires, j'ai pensé : « Oh, elle m'aime ; elle m'a apporté des fleurs de son jardin. »

Je sais pertinemment que des analystes chevronnés en auraient profité pour poser plusieurs questions du genre : « Qu'ai-je fait pour mériter une fleur ? » Ils l'auraient peut-être même refusée et proposé à la patiente de s'interroger sur la signification de ce cadeau dans leur schéma psychique aussi bien qu'au sein de leur dyade analytique. Nombre de psychanalystes auraient prévu l'inévitable angoisse produite par le rejet ou la remise en question du geste de la patiente et auraient trouvé là l'occasion propice d'en apprendre davantage sur elle, y compris son seuil de tolérance à l'angoisse. Une analyste plus expérimentée aurait même perçu à travers cette fleur l'expression d'une certaine négativité, et ne se serait pas empressée d'évaluer ce geste sous l'angle purement libidinal, comme je l'ai fait. Mon acceptation impulsive de cette fleur pourrait aussi être jugée comme une tentative malvenue, de la part de l'analyste, pour réduire sa propre angoisse. La situation reste ouverte aux interprétations les plus raffinées.

Le professeur S. m'a dit un jour qu'aussi longtemps qu'on pensait d'une manière psychanalytique aux situations, aux actes et à ce que la patiente avait proféré, alors il s'agissait bien de psychanalyse.

Pour essayer de me racheter, qu'on me laisse réfléchir aux raisons qui m'ont fait accepter spontanément ce muguet et au « merci » qui s'en est suivi.

Dans le droit fil de la psychanalyse, remontons à mon état d'esprit juste avant que Mme N. ne me tende le muguet : « … ses derniers mots restent plantés en moi comme un couteau dans le cœur. Cependant la psychanalyste que je suis encore entend ce que Mme N. essaie de faire passer : d'une certaine façon, elle sent que *nous* ne nous comprenons pas elle et moi, que *nous* ne parlons pas le même langage. Le message de ma patiente idéale ne laisse aucun doute : elle ne trouve pas en moi l'analyste idéale. »

Ai-je accueilli ce brin de muguet pour me consoler ? Ai-je utilisé la fleur pour retirer le couteau de mon cœur ? Peut-être était-ce pour retourner une situation brutale de déception en une situation fleurie d'espoir et ainsi en évacuer l'angoisse. Peut-être étais-je désespérée par le fait que ma patiente idéale ne me percevait pas, elle non plus, comme une analyste idéale ? Si désespérée que l'apparition du muguet, qui se trouve aussi être ma fleur préférée, a ouvert un espace où s'est engouffrée la possibilité d'un fantasme plein d'espoir ?

Oui, j'adore le muguet. Chacune de ses clochettes détient, j'en suis convaincue, le secret de ce que signifie être une femme. Je considère le muguet comme la quintessence de la féminité. Il s'est facilement *transformé* en un *objet* passif, ce qui, comme Simone de Beauvoir nous l'enseigne, n'est pas la même chose que d'*être* un objet passif. Car le processus par lequel on se transforme en un objet passif comprend en lui-même choix et subjectivité, tandis qu'être un objet passif, c'est ce qu'on considère être sa destinée, ce qui entraîne un manque de conscience et de liberté.

La beauté du muguet est comparable à celle de l'orchidée en moins imposant, moins envahissant. Ses secrets sont plus cachés, il faut les découvrir ; tandis que l'orchidée place tous ses efforts dans l'apparence et se perd au royaume du parfum, le muguet, dans sa petitesse, prend possession de la pièce dès son entrée grâce à son odeur délicate et durable. En raison de ses fragrances, il est impossible de l'ignorer, il nous rappelle sans cesse à sa présence.

Si on transpose le muguet dans la terminologie psychanalytique, il est semblable à une personne hystérique saine, qui s'efforce de séduire l'Autre et y parvient, car c'est seulement dans l'espace occupé par le désir de l'Autre que la personne hystérique peut assurer la poursuite de son existence.

Comment pouvais-je conserver mon statut d'analyste, dès lors que ma patiente idéale m'avait déstabilisée avec ma fleur préférée, un brin de muguet, réservoir de tous mes fantasmes mais encore davantage de l'ensemble des projections qui pendant des années m'avait conduite à définir ce que signifie être une femme ?

Progressivement, je prends conscience du pourquoi de mon simple « merci ».

Autre chose s'impose à ma série d'associations : le mot « culture ». Tout au long de ma carrière d'analyste, il m'a été facile de refuser et remettre en question les cadeaux, les lettres, et l'invitation de mes patients à regarder leurs photos, etc. Chaque fois, j'ai pris en compte la spécificité du geste et agi en conséquence, toujours attentive à sa signification, et en essayant d'entendre le message que le patient voulait faire passer.

En Iran, je me sens incapable de refuser la boîte de chocolats qu'une vieille patiente m'apporte. Je suis embarrassée pour parler des honoraires, demander aux patients de s'installer sur le divan, de leur dire que la séance est terminée. Pourquoi donc ? Le fait de parler farsi déclenche-t-il en moi différents objets internes ? Est-ce parce que la culture iranienne, au sens plein du mot, s'incarne dans un auditoire différent : ces autres qui diffèrent de moi, à qui je parle et qui me répondent ? Car la linguistique moderne considère le mot comme une capsule symbolique unique, porteuse d'une histoire en évolution. Le mot prononcé est l'histoire du moi, de ses désirs et de ses histoires concernant les objets passés et présents de ses désirs.

Mikhaïl Bakhtine ne concevait pas les expressions linguistiques comme des copies externes d'une quelconque représentation interne. La signification, selon lui, n'était pas d'abord à l'intérieur ou à l'extérieur, mais dans la fluctuation entre les deux. Il soulignait la façon par laquelle le langage, l'esprit et le monde sont en interaction continuelle, chacun transformant l'autre. Selon lui, la signification d'un mot prend forme dans les dialogues, soit avec d'autres personnes, soit avec ses propres impulsions. La qualité dialogique inhérente au discours humain n'a pas été pleinement appréciée. Il affirme que ce dialogue est le sujet de tout énoncé aussi bien que son contenu thématique. Fondamentalement, ce qui distingue les langues n'est peut-être pas un vocabulaire ou une grammaire spécifique. Comme le note Wittgenstein :

> « Un être humain peut être une énigme totale pour un autre. Nous en prenons connaissance lorsque nous venons dans un pays étranger avec des traditions complètement étrangères ; et qui plus est, même si l'on possède une certaine maîtrise de la langue de ce pays. Nous

ne comprenons pas les gens. (Et non pas parce que nous ne savons pas ce qu'ils se disent entre eux.) *Nous sommes incapables de nous adapter à eux.* »

Ainsi, ce ne sont pas les mots de farsi en eux-mêmes qui ont rendu difficile mon établissement de psychanalyste à Téhéran, mais les diverses sensations que ces mots font naître en moi, et les fantasmes qu'ils déclenchent. Un de ceux-ci semble être : « Respecte tes aînés, ne refuse pas leurs présents. »

Je dirais que l'une des choses qui a perturbé les conditions de mon retour tient au fait que je n'ai pas réussi à m'adapter aux habitants de Téhéran.

Aujourd'hui, Mme N. se présente pour sa dernière séance avant son séjour très attendu de trois semaines à Paris. Elle est vêtue d'une robe jaune canari et sa voix est enjouée. Elle s'allonge sur le divan nonchalamment, une jambe sur le divan et l'autre sur le sol, et démarre aussitôt : « Madame Gohar – c'est la première fois qu'elle utilise mon prénom plutôt que son habituel "docteur" ou "docteur Homayounpour" –, je suis très fatiguée aujourd'hui et j'éprouve les sensations que j'ai toujours quand je quitte Téhéran pour Paris. Vous savez, ce sentiment d'excitation, d'aventures à venir, de perspectives. Paris me manque et tout ce qu'il englobe. »

Je lui demande ce qui de Paris lui manque plus particulièrement.

« Ce qui me manque le plus, c'est moi-même. Je ne sais même pas ce que signifie ce que je viens de dire, mais ce qui me vient à l'esprit, c'est la peinture. Vous savez, je vis et je respire par la peinture, c'est elle qui me fait éprouver le plus grand plaisir et la plus grande extase. À Paris, je suis entourée de tableaux, des musées aux galeries, alors qu'ici ma vie en est totalement dépourvue. Selon moi, Jésus a sacrifié son corps à la peinture occidentale. Bien sûr, d'autres thèmes appartenant au christianisme ont été traités dans la peinture occidentale, mais c'est principalement le corps de Jésus qui constitue l'art occidental. Le plaisir, pour moi, découle de la peinture, et l'unique forme de souffrance que je suis prête à accepter est la torture de la créativité.

Avez-vous déjà entendu cette idée que c'est le corps de Jésus qui a produit la peinture occidentale, madame Gohar, ou ne savez-vous que peu de choses au sujet de l'art, bien qu'experte en communication symbolique ? »

Je me sens incompétente et maladroite. Mais après tout, qu'est-ce que ça peut faire si je manque de connaissances artistiques ? Moi aussi, je suis fatiguée aujourd'hui ; je n'ai pas envie d'un match de tennis. Elle commence par m'appeler par mon prénom ; son langage corporel m'a révélé qu'elle a déjà un pied dehors, et maintenant elle m'accuse d'ignorance au sujet de l'art, elle sous-entend que je souffre d'une déformation professionnelle, que je suis un de ces personnages qui ne peut connaître le plaisir que dans l'exercice de sa profession, qu'elle caricature en « communication symbolique ».

J'aimerais lui dire : « Madame, c'est vous qui n'êtes capable d'éprouver du plaisir qu'avec la peinture ; cessez de projeter sur moi vos propres limites. Arrêtez de vous défendre en utilisant la grandeur pour camoufler la pauvre petite fille qui crie pour atteindre sa mère. » Et je pourrais ajouter : « Lors d'une séance, vous êtes intarissable sur la froideur des Français, puis aujourd'hui vous déplorez l'absence d'art et de sophistication qu'il vous faut endurer à Téhéran. Qu'est devenu le plaisir de connaître les histoires de vos voisins ? Qu'est devenu le charme incomparable de l'Orient opposé au manque d'humanité de l'Occident ? »

Mais que m'arrive-t-il donc ? Pourquoi suis-je si fâchée et si critique ? Je suis bien consciente que l'idéalisation et la dévalorisation de l'Orient sont pour elle les deux faces d'une même médaille (comme le sont toute idéalisation et toute dévalorisation) ; alors pourquoi suis-je tentée d'exercer ma cruauté et ma critique ?

Fort heureusement, ma pratique de la psychanalyse me permet de prendre mes distances vis-à-vis de la situation et empêche la dynamique interpersonnelle de me faire endosser le rôle de cette mère cruelle et sadique qu'elle a décrite inconsciemment.

Je me souviens de son rêve du bateau prêt à partir, et comment, incapable de s'habiller complètement, de trouver une de ses paires de chaussures, elle était envahie par l'angoisse. L'excitation créée par son départ imminent est-elle une autre manière de me dévoiler son angoisse à l'état brut, confrontée à une séparation que vient amplifier notre rupture prochaine ? Il semble que Mme N. n'est pas équipée (autrement dit « habillée ») pour se séparer de l'objet sur fond de mer calme ; la séparation décrite dans son rêve est la conséquence d'un désastre suivi d'une angoisse profonde, au cœur de la tempête, et sans vêtement approprié. Quelle image torturante ! La même, en vérité, que celle de Jésus sacrifiant son corps, tourmenté, angoissé, souffrant et, pour finir, dépouillé de ses vêtements.

Ce corps sacrifié m'amène à penser à son arthrite ; dans un sens, elle a sacrifié son corps à l'arthrite, mais pour se délivrer de quels péchés ? les siens ou ceux de l'Autre ? Et quel grand péché a-t-il été commis ?

Le cadre de notre séance est une mer que je suis tentée de calmer. D'un autre côté, j'ai l'intime conviction que nous devons traverser ensemble cette épreuve, que je dois accepter son départ et notre séparation dans un climat orageux. Je dois me mettre exactement dans la peau de Mme N., m'identifier à elle, puis éprouver de l'empathie à son égard, et montrer que je peux tolérer et maîtriser ces sentiments atroces. Je réponds donc à la question de savoir si je m'y connais en art ou ne suis qu'une simple accro des « communications symboliques » :

« Supposons que je ne connaisse rien à l'art : dites-moi tout ce que vous voulez à ce sujet. »

D'une voix forte, très irritée, elle rétorque : « Pourquoi ne pouvons-nous pas avoir une conversation ordinaire autour d'une chose d'aussi normale que l'art ? Vous savez, vous m'avez peut-être guérie trop vite… À présent, je suis consciente que tout ce que je peux faire, c'est venir ici raconter mes histoires et que rien ne changera, que vous n'êtes pas ici pour m'aider et que venir ici ne va pas diminuer ma douleur ni régler mes problèmes. Je ne dois venir ici que pour me connaître moi-même ; c'est bien pour ça que la psychanalyse existe, *à la* Aristote, non ? Il croyait, comme les gens de votre espèce, qu'une vie qui n'est pas l'objet d'un examen est une vie qui ne vaut pas la peine d'être vécue. Je suis d'accord, mais franchement, madame, l'introspection, c'est fini pour moi. Je l'ai pratiquée toute ma vie ; je veux seulement regarder des tableaux et, comme je l'ai déjà dit, la seule souffrance que je suis prête à endurer est la souffrance inévitable pour l'art ; je ne veux pas souffrir pour la connaissance de soi. »

À mon tour d'être angoissée : que dire ? Il y a une logique dans ses paroles, mais il n'en reste pas moins, selon moi, que la séparation doit être dramatique pour Mme N. C'est le seul mode de fonctionnement dont elle dispose avant son départ. Alors, pour surmonter la nausée d'une mer agitée, je garde le silence.

Elle enchaîne : « La dernière fois que je suis venue ici, je suis passée devant un petit magasin où on affûte les couteaux, si bien que mon sac à main est plein de couteaux que j'ai pris pour les faire aiguiser. Je ne voulais pas vous en parler avant la fin de la séance, parce que je ne voulais pas vous effrayer, sachant à quel point vous êtes intriguée par les communications symboliques. Mais n'ayez crainte, notre temps est presque écoulé. »

Sans hésitation, je réponds : « On dirait que nous sommes passées des fleurs aux couteaux. Je dois avoir fait quelque chose de mal.

– Bravo pour votre capacité à assumer la responsabilité de la situation où nous sommes : pointue comme un couteau ; après tout, vous n'êtes pas aussi portée sur les fleurs que vous le paraissez. »

Après son départ, je suis incapable de la chasser de mon esprit. Me dévoilait-elle son moi torturé à travers l'image d'un Christ torturé, trahi et crucifié pour les péchés des autres ? En attendant, c'est moi qui suis tourmentée ; je sens qu'elle ne reviendra plus et que je l'ai perdue parce que je n'étais pas experte en art. J'ai manqué de vigilance en laissant se transformer mon muguet, ma patiente intelligente, idéale, en une femme avec des couteaux et des crucifix.

De nouveau, la théorie vient à mon secours et m'indique que j'ai sans doute pris en charge tout ce que Mme N. ressentait, que c'étaient là ses sentiments, et qu'elle ne pouvait pas vivre de rupture autrement. Il semble avéré que ma patiente n'est pas équipée psychiquement pour affronter une séparation qui n'implique pas un trauma violent.

Comme il fallait s'y attendre, l'idée de la séparation dirige mes associations vers ma propre mère. N'est-il pas vrai que chacun d'entre nous ne peut évoquer une séparation sans réveiller le souvenir de la séparation avec sa mère, ce moment où notre relation dyadique la plus précieuse nous est arrachée violemment ?

Ma mère est comme celle de Romain Gary. Lui-même nous raconte un voyage qu'il a fait en Suède en compagnie de sa mère. Un jour, ils passent dans un parc où le roi joue au tennis. La mère, souhaitant ardemment que son fils joue avec le roi, déploie toutes sortes de ruses, notamment en faisant croire aux gardes du roi que son fils est un joueur de tennis aguerri. Après de longues heures de cette comédie, le roi accepte de disputer un match avec son fils, qui se révèle totalement incompétent. Romain Gary avoue ses efforts aussi démesurés que vains pour renvoyer ne serait-ce qu'une seule balle, tandis que sa mère l'observe sans sourciller, pleine de fierté, à seule fin, je présume, de répandre la nouvelle du merveilleux match de tennis entre son fils et le roi de Suède.

Ma mère est pareille. Je m'en souviens comme si c'était hier : en nous préparant pour l'école chaque matin, elle me murmurait à l'oreille : « Tu es ma préférée », alors qu'elle assurait mon frère du même amour exceptionnel, en murmurant les mêmes mots à son oreille. Mon frère et moi n'étions pas dupes, mais nous jouions tout de même le jeu qui paraissait agréable à tous comme dans l'histoire de l'épouse qui a renoncé à manger durant cinquante ans son morceau de poulet préféré, afin de laisser le blanc à son mari, tandis que lui s'est forcé à manger ce morceau qu'en fait il n'aimait pas, croyant se sacrifier par amour pour elle.

Ces associations en série m'entraînent toujours plus loin. Il y a de cela plusieurs années, ma mère m'a posé une question : est-ce que je savais qu'il est beaucoup plus important d'être heureux que riche, célèbre et beau ? Car, selon Schopenhauer, si nous parlons à un ami d'une personne riche, célèbre, séduisante, la première question qui vient à l'esprit est : « Mais, cette personne est-elle heureuse ? » Tandis que si nous racontons l'histoire d'une personne heureuse, on ne nous demande jamais si elle est riche, célèbre ou attrayante. Aujourd'hui, je parlerais plutôt de liberté que de bonheur, *à la* Simone de Beauvoir.

Ma mère nous lisait *Le petit prince*, à mon frère et à moi, enfants, et aujourd'hui encore, elle nous rappelle qu'Antoine de Saint-Exupéry n'était pas un idéaliste. Pour lui, les gens sont plus heureux s'ils ont des fleurs sur leurs balcons… Il était tout simplement réaliste. Elle s'en tient à la devise du petit prince selon laquelle : « On ne voit bien qu'avec le cœur. L'essentiel est invisible pour les yeux. »

C'est grâce à la relecture qu'a faite ma mère de *La lenteur* de Kundera que j'ai pu imaginer le cavalier et la dame marchant jusqu'à la porte du château, sachant tous deux que dès qu'ils apercevraient cette porte, ils devraient se dire adieu. Ils s'approchent lentement de la porte, et à cet instant précis, la dame prononce ces mots : « J'ai une plainte à formuler. » En écoutant ma mère raconter sa version de *La lenteur*, je savais qu'il n'y avait rien de plus lent que la méthode pro-active utilisée par la dame, une lenteur passive, la recherche d'une façon de prolonger le temps en compagnie de son cavalier.

Oui, c'est bien là ma mère, et je dois avouer que personne ne peut engendrer en moi les dilemmes de l'intimité comme elle le fait.

Quand je pense à elle, me revient souvent l'histoire bien connue d'Arthur Schopenhauer à propos des porcs-épics, une histoire que Freud appréciait au point de l'inclure dans son livre sur la psychologie de groupe. L'histoire se lit comme suit :

> « Un jour d'hiver où il faisait froid, un groupe de porcs-épics tournait en rond. Pour se protéger du gel, les animaux se rapprochaient les uns des autres. Cependant, dès qu'ils étaient assez proches pour se blottir, ils commençaient à se repousser les uns les autres avec leurs piquants. Pour mettre fin à la douleur, ils se dispersaient, perdaient l'avantage du contact, et recommençaient à frissonner. Cela les mettait de nouveau à la recherche les uns des autres et le cycle se répétait. Ils luttaient alors pour trouver la distance idéale leur évitant tout autant de s'enchevêtrer et de geler. »

À l'image de ces porcs-épics, ne sommes-nous pas tous engagés dans cette lutte pour trouver la bonne distance, celle où chacun peut obtenir davantage de chaleur sans être trop piqué par l'Autre ? L'hiver ne surprend-il pas chacun de nous dans une tentative compulsive de trouver le maximum de chaleur dans nos différentes relations, avec le moins de heurts possibles ? Évidemment, la définition de la chaleur et des piquants pour chaque individu dépend du récit de chacun. Je me réfère simplement à la lutte pour l'intimité, lutte entre enchevêtrement et gel. Ou peut-être, selon le vocabulaire lacanien, n'est-ce pas la distance par rapport à l'Autre qui produit l'angoisse, mais bien la proximité bouleversante de l'Autre qui est accompagnée par l'angoisse à l'état pur pour chacun d'entre nous.

Et, comme Freud nous le rappelle : « La preuve (…) est faite que pratiquement chaque relation affective intime entre deux personnes qui dure un certain temps – mariage, amitié, relations entre parents et enfants – contient un dépôt de sentiments d'aversion et d'hostilité, qui échappe à la perception sous l'effet d'une répression. »

J'en suis venue à définir, paradoxalement, l'amour maternel « compétent » comme la capacité de résister à la tentation d'une distance idéale avec ses enfants. Je sais que ça peut paraître absurde, mais je pourrais définir une « mère à la hauteur » comme une mère qui aime violemment. Une mère qui ne peut s'empêcher d'être la plus proche possible et de procurer toute la chaleur du monde à l'enfant, quitte, bien sûr, à le piquer. Il semble que les mères ne peuvent aimer autrement, quoi que leur intellect leur dicte, et ce jusqu'à la mort. L'amour maternel en tant que tel est immanquablement accompagné d'un amour violent et claustrophobe ; les mères ont besoin d'en être conscientes et de lutter avec cela continuellement. Elles devraient toutes se considérer elles-mêmes comme faisant partie d'un groupe, le groupe des « mères qui aiment violemment ». Elles devraient savoir, comme les alcooliques et les toxicomanes, que leur combat contre l'amour violent est celui de toute une vie, et qu'elles devraient l'aborder jour après jour, sachant qu'elles nagent à contre-courant. Les présentations dans leur groupe se feraient à peu près comme ça : « Bonjour, mon nom est K., je suis une mère. Je n'ai pas aimé violemment depuis deux semaines maintenant. » Et l'auditoire applaudirait en criant : « Bravo, K. ! »

Évidemment, il y a des choses susceptibles d'aider une mère dans ce combat permanent, comme par exemple avoir une vie en propre, avoir eu une mère qui elle aussi en avait une, et surtout de la créativité. Mais aucune de ces choses ne suffit à protéger la relation mère-enfant des désastres de l'amour violent. On doit toujours en être consciente, ne jamais se croire guérie, sous peine de perdre le contrôle de cet amour.

Car, sérieusement, se trouve-t-il une mère de chair et de sang (et non une mère chimérique) qui accepte sans lutter que son enfant se sépare d'elle ? Se trouve-t-il un enfant relativement « normal » qui n'ait pas souffert du tourment de « se séparer ou ne pas se séparer » ?

Une fois de plus, je suis entièrement de l'avis de Julia Kristeva lorsqu'elle écrit :

> « Pour penser, on doit d'abord perdre sa mère… À ce stade, le soi peut redécouvrir la mère, mais non comme

il l'avait connue jadis. Au contraire, le soi ne cesse jamais de recréer la mère à travers précisément la liberté qu'il a gagnée en étant séparé de sa mère. La mère est une femme qu'on renouvelle toujours en images et en mots, à travers un processus dont “ je ” suis le créateur tout simplement parce que je suis celui qui la restaure. »

En soi, si je puis dire, Ulysse et moi avons fait le même déplacement symbolique vers nos mères patries, dans une tentative de retrouver la chaleur que nous avions perdue, de recréer nos mères intérieures. Nous avons senti que nous avions développé une peau plus épaisse qui nous protégerait des piquants de la proximité.

Aujourd'hui, j'attends le retour de Mme N. pour sa première séance après ses vacances ; il est 17 heures, et je suis épuisée parce que j'ai déjà vu cinq patients. Ce n'est pourtant pas là une raison suffisante. À Boston, je voyais parfois jusqu'à huit patients par jour, et bien que fatiguée, je ne ressentais jamais un tel degré d'épuisement affectif. Ce sentiment d'épuisement m'a accompagnée depuis le premier jour de mon retour à Téhéran… C'est comme si ici j'étais prise au piège d'une ronde sans fin de sentiments, comme si mes splendides défenses, bien enracinées et ô combien nécessaires m'avaient soudainement été ravies.

Je me souviens que, petite fille au Canada, lorsqu'on me demandait pourquoi j'avais émigré, je répondais d'un ton nostalgique : « J'étais tellement attachée à ma mère patrie que j'ai dû déménager à des milliers de kilomètres de là. » Je me demande si ce n'est pas pour la même raison que nombre d'entre nous restent si longtemps à l'étranger, pour ne pas avoir à vivre les sentiments bouleversants liés au retour auprès de leur olivier. Demeurer au loin apparaît comme un moyen d'affronter l'inévitable, l'insoutenable émotivité du retour ordinaire de tout individu.

À Téhéran, mes étudiants et les gens que je croise dans la rue provoquent en moi plus de tristesse ; je vois le vieillissement cruel et sans merci s'emparer de mes grands-parents. Ici, c'est tellement plus difficile de faire abstraction du combat continuel de mon père contre l'insomnie. À Téhéran, je ne peux échapper à la présence de parents vieillissants et qui doivent lutter. Surtout, ma mère patrie a activé mon surmoi austère et punitif, de telle sorte que je me condamne non seulement à faire ce que je ne veux pas faire, mais à prendre plaisir à le faire. Dans ma mère patrie, dès l'instant où je décide de faire ce qui me plaît, je suis libre de tout mais pas de la culpabilité.

À Téhéran, je m'identifie davantage à tout et à tous, ce qui augmente le niveau de fatigue affective quelle que soit la situation rencontrée, y compris avec les patients, fatigue d'autant plus pesante que parfois je déteste mon identification avec les gens d'ici. J'ai passé des années à me séparer d'eux, de sorte que je ne suis plus censée être celle que j'étais quand je suis partie. En dépit de celle que je pensais être devenue, je déteste m'identifier, au sens le plus ordinaire du terme, à ce qu'est « mon peuple », dans tout ce que cela comporte de cliché. Je redécouvre certaines parties de moi-même que je n'ai eu de cesse de chasser et éliminer : des parties de moi que je ne voulais pas reconnaître et dont je croyais m'être débarrassée tout au long de ces vingt dernières années.

Dans ma mère patrie, je dois endurer, les angoisses du « retour du réprimé », ou comme le dit succinctement Sénèque :

> « On ne revient jamais chez soi avec le même caractère moral que celui qu'on avait en partant ; une chose ou l'autre se dérègle là même où on avait fait la paix à l'intérieur. L'une ou l'autre des choses qu'on avait fait fuir réapparaît sur la scène. »

J'étais censée être devenue quelqu'un qui n'établit aucune séparation entre « Nous » et « Eux » ; j'étais censée avoir une subjectivité, suivre mes désirs, me sentir bien avec les différentes parties de mon être, contrôler mon surmoi et avoir développé un moi fort et bien affirmé. En somme, j'imaginais être une personne beaucoup plus analysée qu'en réalité.

Et pour Ulysse, comment était-ce ? A-t-il été bouleversé par ce qu'il a ressenti ? Était-il mélancolique parce que l'olivier avait vieilli à son retour ? Était-il triste de découvrir les rides de Pénélope, qu'il a commencé à scruter de façon obsédante ? A-t-il été déçu d'admettre combien il était un homme ordinaire, malgré ses grandes et extraordinaires aventures ?

Je ne crois pas que le conflit d'Ulysse à son retour puisse se borner aux seuls changements survenus en lui, ni au manque d'intérêt de son peuple pour ce qu'il était devenu, ni aux changements qui s'étaient produits sur sa terre natale, bien que tout cela ait eu de l'importance.

Il me semble que si le retour d'Ulysse, tout comme le mien, était fait de tourment, d'angoisse et de mélancolie, c'est parce qu'il s'était aperçu qu'il avait peu changé, que son extraordinaire odyssée avait laissé intactes plusieurs parties de lui-même.

Dans un sens, chaque jour depuis mon retour, je suis terrifiée à l'idée de commencer à ressembler aux habitants les plus ordinaires de ma ville natale.

Je pense qu'Ulysse a souffert à la fois des grands changements qui s'étaient opérés en lui et dans sa ville natale, et des différentes façons dont lui et son olivier *n'avaient pas changé*. Tout en lui et autour de lui était demeuré exactement comme dans son souvenir. À notre retour à la maison, ce qui nous torture, c'est qu'elle et nous sommes identiques au souvenir que nous en gardons.

Madame N. fait son retour avec un état d'esprit très parisien. Elle raconte son récent voyage à Paris en termes si élégants et empreints d'émotion que je sens tomber les frontières entre nous, et que nous renouons dans un climat très agréable et narcissique.

J'ai l'impression qu'elle éprouve un besoin de réparation évident. Maintenant que la séparation a pris fin et que nous sommes à nouveau réunies, mers orageuses et couteaux n'ont plus lieu d'être ; nous pouvons revenir au muguet. Sur une mer calme, les deux sujets de l'analyse peuvent embarquer.

Madame N. : « Ce qui me désole, c'est que si nous avions nos séances à Paris, j'aurais du matériel beaucoup plus intéressant à vous fournir. Ici, je ne peux vous apporter que des sujets banals, insignifiants, des choses frustrantes pour moi. Par exemple, puisque je prends un taxi pour venir chez vous, je suis à chaque fois stupéfaite du degré de stupidité des chauffeurs de taxi et de l'impression qu'ils donnent de sortir du tiers-monde. Je n'en reviens pas de la vitesse à laquelle ils roulent ni de leur conduite rustre ; c'est comme si les lois n'étaient là que pour être enfreintes par eux. En plus de ça, ils écoutent toujours leur musique débile, affreuse et vulgaire, à tue-tête, sans la moindre considération pour leur passager. Et si on ne veut pas l'entendre leur musique ? Pourquoi les Iraniens n'ont-ils aucun respect pour l'espace personnel de chacun ? Rien de plus facile pour eux que de faire intrusion dans la vie des autres. »

Je me demande ici si je n'ai pas été trop intrusive, si j'ai eu assez de considération pour ma passagère. Ai-je dit à Mme N. des choses qu'elle ne veut pas entendre ? Ai-je brisé les lois de notre contrat analytique ? Suis-je allée trop vite dans cette analyse ?

À moins qu'elle ne soit inconsciemment en train de m'avouer sa propre « appartenance à un tiers-monde », de me prévenir de sa propre rusticité, de son étourderie et de sa laideur ? Y a-t-il des parties d'elle-même qu'elle projette sur les chauffeurs de taxi : ces parties d'elle-même qu'elle ne peut supporter et qu'elle doit chasser ?

Elle poursuit : « Avez-vous remarqué ces couples à motocyclette, les hommes devant, évidemment, les femmes derrière, un enfant au bras ? Personne ne porte de casque, ni la moindre protection sur la tête ; ça a le don de m'exaspérer ! N'ont-ils pas conscience des risques qu'ils font courir à leur bébé ? Vous voyez, docteur (il semble que j'ai regagné mon titre comme gage de réparation), je ne peux vous rapporter ici que des choses ordinaires. »

Je perçois à travers son discours ce qu'elle essaie de m'avouer. Elle dit en réalité : « Docteur, ne vous y trompez pas, malgré mes propos raffinés et ma forte présence, je suis très fragile ; ma tête n'a aucune protection ; à plusieurs égards, je suis une enfant, une enfant terrifiée à l'idée d'être blessée, qui se sent en danger, sans casque sur la tête. »

Je lui demande : « Êtes-vous dominée par l'impression que vous ne devriez me dire que des choses extraordinaires ? Quel mal y a-t-il à me dire des choses ordinaires ? »

Après un bref silence, elle répond : « Ce qui me vient à l'esprit, c'est Proust. Vous savez, dans *La Recherche*, le personnage de Swann est très raffiné, cultivé, mondain et intellectuel, absolument en osmose avec le cercle aristocratique dans lequel il évolue. Il tombe amoureux d'Odette, un genre de cocotte, dépourvue d'élégance et de raffinement. J'ai toujours admiré la capacité de Swann à aimer une telle fille, à n'être pas limité par tout ce qu'il était lui-même. Il est capable d'aimer une fille qui lui est inférieure, capable de s'émanciper de la longue liste des qualités qu'une fille devrait avoir pour mériter son amour. J'aimerais pouvoir être comme cela. »

Quel que soit le sujet, Mme N. reste fidèle à sa dynamique psychique du bas contre le haut, de l'ordinaire contre l'extraordinaire, de Paris contre Téhéran, de Swann contre Odette, de l'aristocratie contre le petit peuple, et ainsi de suite. Avec elle, un sujet se trouve toujours dans une position plus élevée, plus privilégiée, plus chic, plus intellectuelle et plus désirable que celle de l'Autre. Certains aspects du contre-transfert se révèlent soudain évidents pour moi. Depuis le début de notre relation, je me suis souvent retrouvée dans la position d'Odette : une vulgaire cocotte face à l'art éminemment raffiné de Mme N., et à sa ressemblance avec Swann. En d'autres occasions, cette position pouvait s'inverser : Mme N. s'identifiait à Odette, et j'occupais l'espace de l'analyste omnipotente qui, en dépit de son jeune âge, possédait quelque chose d'unique, pour lequel il fallait qu'elle paye pour y accéder.

Cette dynamique de la grandeur contre l'humilité semble être au cœur de la structure psychique de Mme N. Rien d'étonnant dans ces conditions à ce qu'elle soit si soucieuse de dire des choses intéressantes et de paraître exceptionnelle ; pas étonnant non plus que j'aie puisé tour à tour dans le lexique de l'ordinaire, de l'extraordinaire, de la grandeur, de la banalité, pour décrire le cas de ma *patiente idéale*.

Tout bien considéré, il semble qu'elle fasse preuve d'un investissement réel pour *être* ma patiente idéale, ce en quoi elle a pleinement réussi : elle est bien devenue la patiente particulière, *l'élue* sur qui j'ai choisi d'écrire. D'un point de vue freudien, rien de tout cela n'a été accidentel. À mon avis, le processus par lequel un analyste choisit d'écrire sur un patient implique toujours la mise en œuvre d'une dynamique inconsciente entre les deux sujets analytiques ; le cas de Mme N. et moi ne fait pas exception. On pourrait dire que ce cas extraordinaire obéit aux règles les plus ordinaires de la psychanalyse.

Une manière de diriger son traitement consisterait peut-être à l'éloigner de ces représentations du « tout ou rien », de ces distinctions « noir ou blanc », et qu'ainsi, elle et moi soyons plus à l'aise pour accepter en nous-mêmes, aussi bien les ambivalences d'Odette que celles de Swann, toutes deux présentes en chacune de nous.

À ce stade, Mme N. raconte son rêve de la veille : « J'ai rêvé que j'étais au lit, nue, avec un homme, mais j'étais sûre que rien ne s'était passé entre nous ; la seule chose à laquelle je pensais, c'était sortir de ce lit pour voir de près la chemise de nuit souillée, par terre près du lit. Sa saleté me dégoûtait tellement que je ne pouvais pas la regarder en face et, alors que je me levais pour le faire quand même, je me suis réveillée paniquée. »

Je me demande une nouvelle fois si dans son rêve la saleté de la chemise de nuit, un vêtement qu'elle cherche à regarder en face sans y parvenir, ne représente pas la laideur, l'absence de raffinement, l'étourderie ; autrement dit, toute la saleté à l'intérieur d'elle-même, tout ce qui lui manque, tout ce qu'elle ne veut pas regarder. Le processus d'analyse la réveille et la force à se regarder elle-même.

Cette fois, comme dans son rêve antérieur, elle ne peut quitter la pièce sans le vêtement qui lui manque. Cela résonne en moi comme si Mme N. devait sortir de son sommeil métaphorique, ouvrir les yeux et regarder toutes les parties d'elle-même, les pires et les plus sales (reconnaître Odette en elle), faire face à tout ce qui lui manque, et pour finir revêtir la chemise de nuit souillée. Si, dans son rêve, elle pouvait monter sur le bateau en partance et faire face au chaos et à la saleté qui se trouvent en elle, cela pourrait diminuer son angoisse. Car lorsqu'elle extériorise son désarroi, qu'elle l'ignore, l'abandonne derrière elle, l'Odette qui est en elle la suit tout naturellement et prend la forme d'une profonde angoisse, de mers démontées… Revêtir et accepter ces parties d'elle-même conduirait sans doute à une navigation paisible plutôt que d'affronter des mers turbulentes et des désastres.

Je l'interroge au sujet de son rêve : « Quelle sorte de saleté se trouvait sur la chemise de nuit ? » D'une voix très agitée, Mme N. répond : « Que voulez-vous dire ? La saleté n'est que la saleté. Une bonne question aurait été de me demander quel homme était au lit avec moi. Vous n'êtes pas très fine parfois, il me semble.

– Je peux même être tout à fait stupide à l'occasion. »

Madame N. éclate de rire sans pouvoir s'arrêter et dit : « Je ne peux jamais admettre ma stupidité ; vous êtes peut-être stupide, mais vous êtes courageuse. Vous savez, docteur, avant de partir, je veux vous confier une dernière chose. Je me suis demandé pourquoi, toutes ces années loin de l'Iran, ma tendance marquée était la dépression, alors que depuis mon retour, je ne me suis jamais sentie déprimée mais angoissée, et plus d'une fois… Mais je sais qu'il est l'heure. »

Alors que Mme N. quitte mon bureau, j'en reviens à Ulysse, une fois de plus. Était-il plus angoissé après son retour ? Est-ce la proximité avec l'Autre, la peur d'être englouti par lui, qui constitue l'angoisse (comme dit Lacan), alors que la séparation de l'objet s'accompagne de mélancolie et non d'angoisse ?

Je ne suis pas sûre qu'on puisse faire une métathéorie à partir de cette hypothèse, mais tout ce que je sais, c'est que je suis devenue familière de l'angoisse, je suis beaucoup plus intime de son territoire depuis mon retour à la mère patrie. Inversement, la nostalgie, mon occupation favorite, m'a pour l'instant quittée. Je suis d'accord avec Kundera cette fois encore : la nostalgie est le territoire de la mère patrie.

Je me sens souvent angoissée dans ma mère patrie, car je peux facilement me laisser engloutir par l'inévitable proximité des gens. Lorsque j'étais loin de mon olivier, « un périmètre de protection » s'établissait d'emblée dans toutes mes rencontres, une distance que mes relations interpersonnelles à Téhéran ne me procurent pas aisément.

À titre d'exemple, voici le dialogue-type d'une première rencontre, tel qu'on peut l'avoir avec n'importe qui quand on ne vit pas dans son pays d'origine :

« Bonjour, je m'appelle Gohar.

– C'est un nom intéressant. D'où venez-vous ?

– Je viens de Perse. » (Perse sonne toujours plus exotique que Iran ; ça déclenche habituellement le fantasme de contrées lointaines.)

« Depuis combien de temps êtes-vous ici ? »

« Vous plaisez-vous ici, ou votre pays vous manque-t-il ? »

« Avez-vous l'intention d'y retourner un jour ? »

« Vos parents sont-ils ici ? »

« Pourquoi vous êtes-vous installée ici ? »

Ce type de première rencontre « réglementaire » se poursuit alors autour d'un thème que j'appellerais *l'absence*. La conversation porte essentiellement sur ce que votre nom n'est pas ; les êtres qui vous manquent ; le lieu d'où vous ne venez pas ; ce que vous avez laissé derrière vous ; là où vos parents n'étaient pas ; à quel moment vous allez repartir, et ainsi de suite : on est dans *l'absence* et de fait dans une inévitable distance, un manque terrible d'intimité. Ces conversations sont une manière de contenir tout débordement émotif ; une voie d'évitement pour détourner nos peurs naturelles de dépendance, d'attachement et de proximité vis-à-vis de l'Autre ; une fonction de défense contre nos peurs d'être annihilé par l'Autre.

De retour dans la mère patrie, nous avons le sentiment que toutes ces défenses ne fonctionnent plus. Nous n'avons pas d'accent étranger, la couleur de nos cheveux est très répandue, nos noms ne suscitent plus aucune curiosité. Par conséquent, nous avons infiniment moins de moyens pour mettre de la distance avec les autres, éviter les connexions. Tout ce qu'il nous reste, c'est ressentir, encore et encore… Cela conduit à la claustrophobie.

Jour et nuit, chaque minute qui passe, nous fantasmons et nous rêvons de n'emporter qu'un simple sac à main (sans rien d'autre qu'une brosse à dents, aucun bagage !), promesse d'un voyage sans risque, comme à la maison. Un voyage comme à la maison vers un pays où nous étions intouchables, où notre exotisme nous servait de bouclier contre toute l'inquiétude et toute l'angoisse qui se manifestent à l'approche de l'olivier.

Quelle ne fut pas ma surprise, un jour, lors d'une conversation avec un superviseur d'une très grande sagesse qui avait pris la décision vingt ans plus tôt de retourner dans sa ville natale. Comme nous marchions dans les rues de cette ville belle à vous briser le cœur, il dit : « Quand je suis rentré, comme d'autres, j'étais prisonnier de toutes sortes d'illusions quant au paradis qui m'attendait. Je dois cependant vous dire, Gohar, que depuis vingt ans, je n'ai pas regretté une seule seconde d'avoir pris cette décision de rentrer. Dès mon retour, je me suis senti chez moi. Jour après jour, j'ai senti que j'étais là où j'étais censé être. Y a-t-il autre chose de plus important ? »

Ces paroles de mon aimable superviseur m'ont troublée, elles m'ont apporté douleur et jalousie. Espérance aussi. Si cela avait pu lui arriver, alors peut-être un jour en serait-il de même pour moi.

Quelques années après le retour à Téhéran

Cela fait des mois à présent que j'ai commencé à mettre mes pensées par écrit. Des années se sont écoulées depuis mon retour. Je dois avouer que je suis loin d'afficher la même santé psychique que mon superviseur d'antan. Toutefois, je me sens très proche de lui par moments et je me retrouve dans ses affirmations à propos de la mère patrie.

De temps à autre, il m'arrive de travailler dans une clinique où je suis confrontée à différents représentants de cette mère patrie : villageois ou citadins, riches ou de milieux socio-économiques très modestes, vieux ou très jeunes, hommes ou femmes dont je n'avais pas la moindre idée auparavant. J'écoute leurs histoires à longueur de journée. J'assimile peu à peu leur langage et je me rapproche d'eux au point d'être émue par quelques-uns. Certaines de leurs chimères m'irritent. Leur besoin absolu d'être vite guéris provoque chez moi une certaine frustration, d'autant qu'ils me traitent comme une diseuse de bonne aventure. Ils demandent instamment : « Dites-moi que tout va bien. *Vous* allez me guérir, n'est-ce pas, docteur ? »

Pourtant, au milieu de ce chaos auquel mes livres universitaires et toute la théorie du monde ne m'avaient pas préparée, je dois dire que je les aime même si cela peut sembler un cliché. J'éprouve de la compassion et un attachement irrésistible. Je me sens ici précisément à ma place, à leurs côtés. Ils m'apprennent à devenir une bonne psychanalyste de la rue : sans divan, sans bureau bien décoré et sans théories complexes ; celle qui sait résister à son pays natal sans s'effondrer ; celle qui un jour pourrait déclarer : « Je n'ai aucun regret d'être rentrée à la maison. »

Cela me rappelle, à la clinique, un jeune patient suicidaire qui se présente tout de noir vêtu avec pour seule demande consciente que je l'écoute et qu'éventuellement, je l'autorise à se donner la mort. Il décrit brillamment la douleur de la condition humaine, l'essence de cette douleur et celle de la solitude, ainsi que toutes les bonnes raisons qu'il y a à se suicider. Un jour, je lui demande pourquoi il n'est pas encore passé à l'acte.

Il me répond : « Avez-vous déjà regardé le visage de votre mère lorsqu'elle vous a préparé votre plat favori ? Avez-vous déjà mordu dans une pêche bien mûre un jour d'été ? Avez-vous déjà été tenté de dépenser quelques milliers de *toman* – l'équivalent de 2 dollars – pour un repas, même si, radin comme vous l'êtes, cela vous ulcère ? Voilà ce qui me maintient en vie. En vérité, je n'ai pas encore décidé si je veux être si vindicatif ! »

Une jeune femme de 24 ans entre dans mon bureau, vêtue de la tête au pied d'un épais tchador noir qui ne laisse voir que ses grands yeux marron. Elle s'assoit et éclate en sanglots dès que je lui demande ce qui l'amène ici.

« Qu'est-ce qui m'amène ici ? Vous voulez savoir ce qui m'amène ici ? J'ai perdu cette chose qu'aucune jeune fille ne devrait jamais perdre. » Et elle reste là sans bouger à pleurer comme une hystérique, et à me fixer dans l'attente d'une réponse.

Je suis estomaquée. Je me creuse la cervelle pour deviner ce qu'elle a bien pu perdre. Incapable de trouver, je lui demande de préciser. Elle me regarde et murmure : « Vous ne savez vraiment pas ? J'avais entendu dire que les gens comme vous peuvent être bizarres. Mais comment une femme ne peut-elle pas comprendre intuitivement ce à quoi je fais allusion ? J'ai perdu ma virginité, et à cause de cela je dois quitter la maison de mes parents. Non pas qu'ils m'aient demandé de le faire, mais je me devais de le faire. Je ne mérite plus leur pain et leur beurre, je suis tombée en disgrâce. Je n'ai plus droit à leur bonté. J'ai déshonoré le nom de mon père. Je ne dois pas polluer leur maison sacrée. »

Un chauffeur de camion, très corpulent, un macho typique, entre en disant : « J'ai appris qu'il y avait une psychanalyste dans cette clinique, et je veux me comprendre mieux. »

J'ai honte parce qu'il me faut maintenant admettre – c'est une évidence pénible – que j'ai des préjugés : je m'attendais à tout sauf à ce qu'il cherche à mieux se connaître. Mais pourquoi faudrait-il qu'il en soit ainsi ? Est-il interdit aux gros chauffeurs de camion machos de vouloir se connaître ? Plus tard, j'apprends qu'il a peur du noir, et que, depuis douze ans, il oblige sa femme à laisser la lumière allumée dans leur chambre à coucher.

Je n'oublierai jamais le jour où il m'a dit : « Docteur, j'ai rêvé l'autre nuit que j'avais une relation sexuelle avec ma mère. Cet inconscient me déshonore ; vous devez guérir mon âme. Je suis à votre merci. Quand je me suis réveillé, j'ai commencé à parler à mon inconscient, le suppliant d'arrêter de produire ces images horrifiantes. J'étais incapable de vous le dire plus tôt, mais quelques nuits auparavant, j'avais eu un autre rêve dans lequel j'avais des relations sexuelles avec ma sœur et avec ma belle-sœur simultanément. »

F., une jeune fille, vient me voir : elle a quitté Ispahan pour Téhéran il y a quelques années afin d'étudier le journalisme. Très à l'aise, elle prend place instantanément sur le gros fauteuil en cuir, croise les jambes et commence : « Je suis ici pour vous parler de ma sexualité. J'aime avoir des relations sexuelles, mais à condition de ne pas être dans une position passive : j'aime prendre l'initiative. Je n'aime pas les limites quand il est question de plaisir sexuel. Je n'éprouve aucune gêne ; j'aime être dessus parfois, et je dois absolument avoir un orgasme. » Je lui demande où elle situe le problème.

Elle me répond : « Les Iraniens n'aiment pas ça. J'ai dû larguer récemment mon petit ami parce qu'il me demandait toujours d'être passive et me disait qu'il perdait ses moyens si c'était moi qui prenais l'initiative. Les mots qui l'excitaient étaient "Non" ou "Arrête" alors que ceux qui m'excitent sont "Oui" et "Continue". Il m'a dit : "Tu ne vas jamais trouver de mari avec un comportement sexuel pareil. Une femme devrait toujours cacher qu'elle aime le sexe. Seules les prostituées sont censées prendre plaisir au sexe, pas les femmes honorables." Voilà, c'est ça, mon problème. Docteur, j'ai besoin de votre aide pour trouver un homme qui me laisse être la personne que je suis vraiment : une femme qui aime beaucoup le sexe. »

Un homme de 32 ans, très intellectuel, m'expose son conflit : il est tombé profondément amoureux d'une femme mariée. Lors de la première séance, il me dit : « Je l'aime et elle m'aime, et pourtant il y a quelque chose qui l'empêche de me laisser lui faire l'amour. Nous sommes ensemble depuis un an maintenant, et chaque mois, elle me laisse conquérir une nouvelle partie de son corps. Nous nous sommes d'abord tenu la main, puis je l'ai embrassée, et ensuite elle m'a permis peu à peu de la toucher à certains endroits. Le plus étonnant dans cette affaire est qu'elle ne peut jamais me reprendre ce qu'elle m'a accordé. Ce territoire devient le mien. La fois d'après, j'ai la permission d'aller au moins aussi loin. Même si cela ne la tente pas, elle se sent obligée de me laisser aller là où je suis déjà allé. Ce qu'elle m'a donné, elle ne peut jamais me le reprendre. C'est comme gravir une montagne : à chaque fois qu'on atteint un nouveau sommet, on peut y planter son drapeau. Son corps, petit et délicat, est maintenant constellé de mes drapeaux. »

Une riche et séduisante architecte de 44 ans se présente pour la première fois, vêtue de façon impeccable. Elle porte une blouse blanche très délicate qui couvre seulement une épaule et laisse l'autre nue. Elle dit : « Oh, comme j'aimerais que vous ayez la célèbre reproduction que Freud avait placée au-dessus de son divan ; vous savez, l'image qu'il a emportée avec lui à Londres. J'ai lu quelque part que c'était une illustration de l'hystérie. Elle représente une femme à l'épaule dénudée, en transe ou quelque chose du genre, s'évanouissant dans les bras de son médecin durant une démonstration médicale, livrée au regard d'un groupe de médecins. C'est tout à fait éblouissant. J'étais si intriguée par cette image que lorsque je l'ai vue pour de vrai à Londres, je me suis sentie obligée de faire quelques recherches à son sujet. Il s'agit du tableau de Brouillet *Une leçon clinique à la Salpêtrière*, dit-elle avec un accent français parfait. La patiente est Blanche Wittmann ; elle passait pour la reine des hystériques. La photo a été prise par Joseph Babinski, et le chirurgien qui dirige la démonstration est le célèbre Jean-Martin Charcot. Vous savez que l'image de l'hystérie surplombe le divan de Freud. Eh bien, je suis ici maintenant parce que, comme Blanche, je m'évanouis continuellement, et ça devient à la fois dangereux et embarrassant. Comme je suis architecte, je dois visiter les chantiers, et je m'évanouis continuellement devant les ouvriers. L'autre jour, si l'un d'eux n'avait pas été assez fort et n'avait pas eu le réflexe de me rattraper, je serais tombée du septième étage et je serais morte. Oh, c'était tellement gênant ! Aidez-moi à faire cesser ces évanouissements. »

K., une femme de 40 ans, est venue pour la première fois, il y a environ un an. Elle vient de subir une chimiothérapie pour son cancer du sein, qu'on lui a enlevé. Elle a perdu ses cheveux ainsi que ses sourcils, mais on distingue encore le souvenir d'une très belle femme qui, en dépit de la gravité de son état, garde un charme certain.

Elle souhaitait commencer une analyse, comme elle s'en est expliquée au cours de notre première séance : « J'ai besoin d'aide au sujet de ma pulsion sexuelle. J'ai entendu dire que Freud a employé ce terme. Aussi loin que je puisse me souvenir, je me suis donné une mission sexuelle. J'ai besoin d'aide. J'ai essayé d'autres formes de traitement, et même s'ils peuvent être utiles, j'ai le sentiment qu'ils n'ont pas réussi à résoudre mon problème. Je pense avoir une personnalité très facile à analyser. »

Quelques séances plus tard, nous nous mettons d'accord pour conduire une analyse à raison de quatre fois par semaine. Lors de la première séance, elle me dit que je ne dois pas être dupe de son discours et de son apparence avant-gardiste, car elle vient en réalité d'un milieu familial très traditionnel, avec un père extrêmement strict, absent sur le plan affectif, et une mère qui jouait le rôle de l'agneau sacrificiel au sein de la famille. Son caractère rebelle, ses ambitions artistiques et son style de vie extravagants ont toujours été considérés avec suspicion par sa famille, et son père l'a souvent traitée de prostituée.

Lors des premières séances, K. précise combien elle pouvait se mettre en colère contre sa mère qu'elle jugeait trop faible, lui reprochant de n'avoir pas de vie à elle, d'être, comme elle disait, sous la férule de son père. Sa relation avec son père était ambivalente. Alors qu'elle le considérait comme un modèle de masculinité et de ce à quoi doit ressembler un vrai homme, K. se trouvait par ailleurs en rébellion contre l'idéal paternel de la conduite d'une bonne musulmane. Elle lui faisait part de toutes ses doléances contre sa mère, et lui prenait toujours le parti de sa fille, disant pour blaguer : « Tu finiras par t'arranger pour que je divorce d'avec ta mère, et que nous puissions être ensemble toi et moi. » Lorsqu'elle rappelle cette plaisanterie, elle raconte avoir ressenti une totale extase.

Il y avait dans son discours une sincérité et un courage très séduisants. Elle n'était jamais ennuyeuse, toujours pleine d'émotions. Je la trouvais extrêmement divertissante et je ne fus pas surprise d'apprendre qu'elle appartenait au monde du spectacle.

Lorsqu'elle a commencé l'analyse, son problème était le suivant : elle entretenait une relation avec A., un homme très riche, peu séduisant – l'adjectif qu'elle a précisément choisi était « difforme » – et sadique. Non seulement il lui mentait et la trompait continuellement, mais il n'était capable d'avoir avec elle que des relations sexuelles humiliantes et dégradantes.

Ils se rencontraient régulièrement, trois ou quatre fois par semaine, de 20 heures à 22 heures environ. À peine franchi le seuil de son appartement, il la jetait sur la table de la salle à manger et la sodomisait, sans même la déshabiller totalement. Voici ce qu'elle en dit : « Il ne m'offre jamais rien, ne fût-ce qu'un verre d'eau, et ne tient jamais compte de ma douleur physique due à la chimiothérapie. Après une relation sexuelle de quelques heures, il ne me retient pas, ni ne souhaite dîner avec moi. Je n'ai même jamais pris de douche chez lui ; il se contente de me reconduire chez moi. Par contre, il m'offre toujours un cadeau incroyablement dispendieux le lendemain ; cela peut aller d'une voiture à la totalité de mes dépenses médicales, des voyages en Europe ou des vêtements de prix. Et il me donne aussi beaucoup d'argent liquide avec régularité. » Outre qu'ils s'accompagnent d'un bénéfice monétaire, ces épisodes sont suivis de culpabilité, de honte et d'angoisse sévères pour K.

Au lendemain de semblables nuits, K., très accablée, se présente pour une séance matinale et raconte : « Je me sens comme une prostituée. En un sens, je ne vois pas la différence entre une prostituée et moi. Je suppose que c'est comme dans le film de Kiarostami où la prostituée dit à la femme mariée à un homme riche que la différence entre elles deux est qu'*elle* – la prostituée – est une “grossiste”. Je couche avec lui pour de l'argent ; j'ai commencé à sortir avec lui uniquement parce qu'il était très riche. Je suppose que je dois être une prostituée de luxe. Vous savez, j'ai couché avec plusieurs hommes au cours de ma vie, mais je n'ai jamais atteint l'orgasme. Je déteste me sentir à ce point humiliée quand il me reconduit à la maison après m'avoir baisée. Parfois, je suis tellement angoissée que je serre violemment les dents jusqu'à sentir le sang dans ma bouche. Pourtant, je dois être honnête avec vous : je n'ai jamais été excitée par des hommes gentils, amoureux, beaux, qui font vraiment l'amour à une femme. Je me plains de ce que A. ne m'accorde pas, mais une part de moi-même est excitée quand je suis dans une position humiliante. C'est comme si j'étais en quelque sorte attirée par la saleté et la laideur. A. est tellement répugnant, avec son gros ventre et sa tête chauve ; sa main gauche est totalement difforme et il a seize ans de plus que moi. Je me demande pourquoi je ne suis pas excitée par des hommes de mon âge au ventre plat et au visage séduisant, des hommes qui sont de gentils amants. »

Ce discours a conduit K. à quelques associations très importantes, puisqu'elle poursuit : « Je me souviens de la perte de ma virginité. J'avais 16 ans et je sortais avec mon futur mari, qui avait quelques années de plus que moi ; il était accro à la drogue et très malade, quasi schizophrène. Un soir que nous étions dans sa voiture, au milieu de nulle part, sans personne, sur une route jonchée d'ordures et de saletés, nous avons eu une relation sexuelle. De toute ma vie, jamais je n'oublierai l'apparition soudaine de chiens errants sauvages et de leurs aboiements autour de notre voiture tandis que je perdais ma virginité dans un no man's land, avec un *loser*, qui un jour serait le père de mes enfants. »

Une autre association qui découle de cette scène a trait à cette façon dont son père lui a toujours fait comprendre que les femmes qui choisissent les mêmes professions artistiques qu'elle, qui se comportent comme elle, s'habillent comme elle, sont toutes des putains.

On peut imaginer la répétition d'une scène paternelle sadique, symbolisée par les hommes qu'elle choisit, sa façon de les exciter, et son incapacité à reconnaître un homme en tant que tel s'il n'est pas sadique.

Un jour, après huit mois d'analyse et après avoir rompu avec A., elle commence à parler de E., l'homme qu'elle vient de rencontrer. Elle dit qu'il est très différent de A. et des autres hommes qu'elle a connus jusqu'ici, y compris ses deux premiers maris. C'est un homme raffiné et séduisant ; il est marchand d'art et parle plusieurs langues. Il est issu d'un milieu aristocratique.

K. me confie le dégoût qu'elle a ressenti pour cet homme aussitôt qu'elle est entrée dans sa maison à la décoration parfaite. Sur la table, plusieurs fromages français, du vin servi comme on le ferait dans un château en France. « Dieu du ciel ! Quelle sorte d'homme peut bien se cacher sous tant de beauté et de raffinement ? Il doit être gay. Tout est trop beau autour de lui ; aucune place pour moi pour faire quoi que ce soit. Ce n'est qu'à travers un maximum d'angoisse, de drame, d'actions tous azimuts, de hauts et de bas que j'ai le sentiment d'exister. Le confort ne me procure aucun plaisir. J'ai besoin d'avoir un homme viril (sadique) et de pouvoir lui reprendre ce plaisir (castration, désir du pénis). Je me sens plus vivante que jamais dans une position sexuelle humiliante. C'est sans doute pourquoi j'aime beaucoup le sexe brutal. »

K. me donne toujours le sentiment qu'elle est une enfant surexcitée ; l'excitation semble signifier pour elle être en vie. Si elle n'agit pas en permanence, elle se sent morte. Ne m'a-t-elle pas dit un jour : « J'aimerais mieux être maniaque que dépressive : la dépression est accompagnée par la mort et la noirceur. La passion est ma façon de vivre ma vie. C'est comme ça que je me sens en vie. »

Quand tous les jours, depuis mon retour à Téhéran, je rencontre des patients comme ceux que je viens de citer, je ne peux m'empêcher de songer à l'article d'André Green : « La sexualité a-t-elle quelque chose à voir avec la psychanalyse ? »

Une simple recherche sur Google permet de se rendre compte que Green n'est pas le seul à soulever de telles questions et à lancer pareils débats. La psychanalyse contemporaine abonde de questions du type : « Où sont passés les hystériques ? », « Avons-nous encore des patients névrosés sur le divan ? », « Les hystériques d'hier sont les cas limite d'aujourd'hui », « La névrose : un mythe du passé » ou bien « Y a-t-il encore quelqu'un qui parle de sexe en psychanalyse ? »

Si l'on s'intéresse de près à la littérature psychanalytique, on ne peut qu'être d'accord avec Green : les thèmes en vogue qui dominent l'essentiel de la littérature analytique contemporaine portent avant tout sur les troubles narcissiques, les troubles des cas limite, de bipolarité, d'états de psychose. Simultanément, dans les propos de leurs patients, les analystes semblent surtout préoccupés par les problèmes liés à l'agressivité et à ses vicissitudes au détriment de la sexualité. Les journaux sont pleins de théories psychanalytiques préœdipiennes qui nous feraient regretter l'ère de l'Œdipe roi.

Plusieurs raisons ont été avancées pour expliquer cette évolution, à commencer par l'affirmation de Julia Kristeva selon laquelle une tentative paradoxale cherche à exclure la mère du langage. Les modèles de psychopathologie (les patients) sont-ils en train de changer ? À moins que nos catégories de diagnostic n'aient changé (les analystes) ? Ou bien encore ce changement est-il la résultante d'une dynamique socioculturelle à multiples facettes ? Etc., etc.

Mes observations cliniques – telles que je viens de les rapporter – semblent répondre à la question de Green. J'ai découvert un schéma sexuel à Téhéran. La sexualité ici est encore celle de Freud. Dès le début, mon divan a été occupé par les bonnes vieilles hystériques, et divers autres types de névrosés. J'ai rencontré à Téhéran un type de patients très proches de ceux que Freud a connus à son époque, des patients qui m'ont renvoyée aux origines de la psychanalyse.

Dans le cadre des séances, j'ai été très surprise par la candeur, l'empressement et l'ouverture des patients à parler de sexualité compte tenu de la base culturelle traditionnelle en Iran, où elle est censée être plus réprimée et taboue que dans les cultures occidentales.

Une autre patiente, jeune femme récemment divorcée, se présente à sa première séance en disant qu'elle veut être analysée parce qu'elle est « hantée par des souvenirs et des regrets ». Elle évoque pour moi la Gradiva de Jensen et de Freud. Elle raconte d'emblée : « Je me souviens avoir examiné mon alliance, l'avoir regardée longuement, en essayant de comprendre ce qui était arrivé. Pourquoi ma main gauche ressemblait-elle à la main de quelqu'un d'autre ? J'avais épousé l'homme que j'aimais, je ne pouvais imaginer épouser quelqu'un d'autre, et pourtant mon alliance, choisie avec tant de soin et d'attention et sur laquelle ma belle-mère avait fait graver nos deux noms, cet anneau qui portait en lui ma touche personnelle, me procurait le sentiment de vivre la vie de quelqu'un d'autre, une vie que j'observais à distance. Comme si j'étais extérieure à cette vie et que tout arrivait à un personnage de film qui me ressemblait mais qui n'était pas moi.

Aujourd'hui, j'ai enlevé mon alliance pour la première fois depuis le jour de mon mariage, il y a presque six ans. À présent, je regarde ma main gauche de la même manière que lorsque j'étais jeune mariée, et je la trouve tout aussi étrange sans son anneau délicat. Ce qui n'a pas changé, c'est que mon divorce, tout comme mon mariage, semblent avoir été vécus par quelqu'un d'autre. J'en suis encore à les observer comme arrivant à un personnage de film. »

Tandis que ma patiente parle, je fais le point :

Établissons-nous une distance vis-à-vis de nos expériences immédiates, surtout quand elles sont chargées affectivement comme le mariage ou le divorce, de façon à ne pas avoir à affronter notre propre implication dans tout ce qui nous arrive ? Résistons-nous à l'intensité de nos émotions en prenant nos distances vis-à-vis de l'immédiateté de nos expériences ?

À ce stade, elle s'est étendue sur mon divan. Dans une position fœtale, elle poursuit d'une voix plus douce :

« Divorce, divorrrrrce, divorcééééee, d-d-d-divorce… Je me retrouve à le répéter sur tous les tons, comme si j'avais la mission de le normaliser en prononçant ce mot de manière obsessionnelle.

Du temps où j'étais mariée, j'avais pour habitude d'utiliser le mot "divorce" comme un moyen d'attirer l'attention, une méthode infructueuse de séduction. D'une certaine façon, c'était une manière de menacer mon mari, dont le corps se crispait, et dont les yeux s'éteignaient chaque fois que je prononçais le mot commençant par un "d ". Et pour moi pourtant, à l'époque, ce mot était comme n'importe quel mot ; je pouvais l'employer facilement, et communiquer comme une femme ordinaire. Je suis désespérée. S'il vous plaît, aimez-moi davantage.

Comment se fait-il qu'aujourd'hui, après mon divorce, le mot soit devenu si important pour moi ? Je ne peux jamais l'employer sans penser que je vais étouffer, comme tout mon corps endolori ; le mot "divorce" a pris des couleurs affreuses et dégage une odeur fétide.

Je ne m'explique vraiment pas les raisons d'un changement aussi brutal. Tout ce que je peux transmettre, c'est mon expérience personnelle, sans prétendre à quelque vérité à son sujet.

Le mot s'est-il imprégné de mes expériences de ces derniers mois ? Du visage blafard, de la mine terrifiée de ma mère quand elle a appris mon divorce ; de son sentiment de culpabilité vis-à-vis de ce qu'elle pourrait avoir mal fait, de ce qu'elle aurait pu faire autrement, et de l'angoisse quant à l'avenir de sa fille ? Le problème est qu'entre nous, il n'y a pas suffisamment de distance pour qu'elle comprenne ce qui se passe ; elle est là, au milieu de tout ça, et elle a l'impression que tout ce qui m'arrive lui arrive à elle aussi.

Comment pourrais-je prononcer le mot "divorce" sans être hantée par l'image de mon grand-père maternel qui, agissant comme un prince des années 1920, et sans le dire à personne, était entré à l'improviste dans le bureau de mon mari, avec sa silhouette élancée et imposante, pour laisser simplement un mot avec un poème, et "Appelle-moi, s'il te plaît" ? Mon grand-père a passé sa vie à régler des conflits dont personne n'aurait imaginé qu'il ait le courage, la compassion, un sens authentique de la démocratie, de régler en douceur. Il s'est sûrement dit : "Je peux trouver un moyen de sauver le mariage de ma petite-fille."

Comment pourrais-je encore employer le mot "divorce" sans revoir les images terrifiantes que l'on m'a rapportées de la rencontre entre mon mari et mon grand-père ?

Je peux visualiser la scène comme si j'y avais assisté. J'imagine mon mari les yeux cernés de noir, les mains tremblantes de honte, dans l'incapacité de refréner le tressaillement nerveux de sa jambe, et ne sachant absolument pas comment il a pu en arriver là. C'est comme mes mains qui me paraissent étrangères ; il doit avoir la sensation que tout cela est en train d'arriver à quelqu'un d'autre. Il prend conscience qu'il vit la situation la plus humiliante et la plus honteuse de toute son existence.

C'est comme si je le voyais entrer, trempé de sueur, incapable de regarder mon grand-père dans les yeux. Il essaie de lui baiser la main ; mon grand-père ne le lui permet pas. Il a trop d'affection pour lui, comme pour un fils, un fils qu'il n'a jamais vu dans un contexte aussi douloureux et aussi conventionnel. Mon mari embrasse plutôt son épaule et tous deux s'assoient. Mon grand-père essaie de dire tout ce qu'il peut trouver la force de dire. J'entends sa voix se briser – c'est toujours comme ça pour lui dans les situations extrêmement émouvantes. Il peut à peine respirer. Il finit par dire : "Pourriez-vous y repenser tous les deux ?"

Mon mari a les larmes aux yeux ; son cœur est déchiré. Il préférerait perdre tout ce qui lui est cher plutôt que de désobéir aux souhaits de cet homme âgé et respectable – un homme qu'il a appris à connaître au fil du temps et envers qui il a le plus grand respect. Soudain, de tous les souvenirs qu'il a en commun avec mon grand-père, et peut-être pour y voir plus clair en lui, il se souvient de lui avoir rapporté son sucre brun en morceaux préféré.

Mais mon mari est vite ramené dans cette salle étouffante à l'atmosphère pesante à laquelle on ne peut échapper. Il a chaud. Il a l'impression qu'il va mourir. Il est absolument bouleversé par ce qu'il est obligé de dire, mais n'a pas d'autre choix que de désobéir à mon grand-père. Cela échappe complètement à son contrôle, comme si, tout simplement, il n'avait pas les outils psychiques pour renverser la situation. Dans l'immédiat, il se sent comme Saddam lorsque les Américains ont envahi l'Irak : il savait qu'il n'avait aucune chance mais ne pouvait pas reculer. Il n'a pas le courage de blesser mon grand-père non plus. Il est écartelé entre ce que sa raison et son cœur lui dictent. Rationnellement, il sait qu'il a pris la bonne décision. Il y a réfléchi. Certaines choses ont eu lieu sur lesquelles on ne peut pas revenir. Et pourtant son cœur est absolument incapable de désobéir à la requête de cet homme respectable, qu'il en est venu à aimer et qui va lui manquer profondément.

Par-dessus tout, ce dont il prend le plus douloureusement conscience, c'est qu'à l'issue de cette rencontre, il sera devenu un homme très différent de celui qu'il était en arrivant ; il sait qu'il ne sera plus jamais le même homme désormais, et cette certitude va le conduire au néant et à l'angoisse.

Comment pourrais-je jamais éradiquer de mon esprit le sentiment d'impuissance de mon père, son extrême vulnérabilité. Ce sentiment s'est gravé en moi dès l'instant où il est entré dans mon appartement avec, comme toujours, son humidificateur, sa petite radio et quelques livres. Il a laissé son travail en plan dans une autre ville pour voler au secours de sa fille en plein divorce.

Quand il entre chez moi, il doit trouver étrange que rien n'ait bougé. Les photos de mon mariage sont toujours accrochées au mur. C'est comme si toutes les conversations âpres que j'ai eues avec mon mari au sujet du divorce s'étaient volatilisées, j'étais persuadée que décrocher les photos du mariage reviendrait à signer le divorce.

Mon père, qui a l'air fatigué, me dit : "D'abord, sache que je n'ai jamais voulu que tu te maries. Je voulais que tu poursuives tes études de philosophie, et quelque chose en moi se félicite de ton divorce. Rester mariée et demeurer en Iran aurait signifié pour toi une vie sociale, des fêtes de famille, des devoirs d'épouse, c'est-à-dire toujours moins de philosophie. Et pourtant, mon cœur se brise à la perspective de ton divorce ; mon cœur souffre tandis que mon esprit soulagé célèbre ta liberté."

Docteur, à mesure que mon père parlait, les plus étranges sensations naissaient en moi. Je savais pertinemment qu'en dépit des apparences que nous donnions, mon mari et moi, c'est bien moi qui avais orchestré ce divorce. Je le savais, je m'étais comportée de manière à nous conduire tout droit à une séparation. À cet instant précis, tandis que mon père me préparait un jus d'orange frais, et que la radio jouait à tue-tête, j'ai su que je divorçais au nom de la philosophie.

Je me sentais pitoyable ; avais-je vraiment quitté l'homme que j'aimais pour la philosophie ? Allais-je passer mes nuits de solitude dans la contemplation de Nietzsche, ou à tenter désespérément de comprendre Heidegger, sinon dans un vertige total en compagnie de Foucault ?

Vous allez probablement penser que je suis folle, mais c'est précisément à ce moment-là que j'ai été submergée par des sentiments maternels. Je voulais vraiment être enceinte et avoir un enfant, mener une vie traditionnelle. J'étais furieuse contre ces grands philosophes ; je me sentais trahie par eux. Quand, plus jeune, je suis tombée amoureuse de la philosophie, c'était censé améliorer ma vie, me rendre heureuse, et non me conduire ici, seule avec mes livres.

Mon père dit : "Ma belle, ma fille, la philosophie et surtout la littérature vont te sauver, ni moi ni ton mari ni personne d'autre. Au bout du compte, tu verras que les gens comme nous sont bien armés : la soif d'apprendre, le plaisir éprouvé à la lecture, être en quelque sorte un intellectuel, ce sont des dons, la meilleure arme contre la banalité qu'on n'ait jamais trouvée. Tu verras, tu verras ; je t'en supplie, n'abandonne jamais cela."

Comment mon cœur ne se serrerait-il pas de douleur à présent que je comprends ce que le mot "divorce" veut dire : un jour, tu cherches une robe de mariée, tu achètes de la vaisselle, du linge pour la maison, tu choisis des tableaux, et alors… La notion de l'importance des objets est maintenant devenue claire pour moi. Comme le dit Salman Akhtar, les immigrants cherchent à tout prix à s'entourer d'objets de leur pays d'origine : tapis, peintures, assiettes… Ce ne sont pas tant leurs compatriotes qui leur manquent, mais ils parlent des rues, de la couleur des cabines téléphoniques, de l'odeur des magasins.

Évidemment, la nostalgie d'un vieil immigrant italien n'est pas directement liée à l'odeur du magasin dont il se souvient, mais plutôt au fait que cette odeur fait naître en lui le souvenir de sa mère et combien il la trouvait la femme la plus séduisante de la terre, tel après-midi chaud d'été, tandis qu'elle découpait de minces tranches de *prosciutto*, dans ce magasin particulier, avec son odeur particulière.

Pour moi, un des aspects les plus délicats de mon divorce a été de gérer les souvenirs que les objets d'un passé commun éveillaient en moi.

Je ne peux échapper au souvenir d'une photo de la ville de Mexico que nous avons un jour choisie ensemble pour notre appartement. Nous n'avions même pas d'appartement à l'époque, mais tous deux, chacun à sa façon, nous avons commencé à imaginer où nous allions la mettre, quel cadre nous allions acheter pour elle, et à qui nous aimerions la montrer. Nous nous sentions comme deux jeunes enfants qui jouent “au papa et à la maman”.

En regardant la photo aujourd'hui (finalement nous ne l'avons jamais encadrée, elle est restée dans une boîte), c'est plus fort que moi, tous les détails de cette journée me reviennent. Le fait de jeter un simple coup d'œil à cette photo entraîne un défilé de souvenirs qui s'imposent à moi, comme sortis de nulle part ; d'infimes détails dont je ne soupçonnais plus l'existence.

Ce fameux jour, nous avons déjeuné de poisson dans un petit restaurant local au bord de l'eau. Je me souviens de la caresse du vent sur ma peau tandis que nous mangions ce poisson, toute notion de temps et d'espace abolies ; nous étions là, ensemble, totalement insouciants.

Pour la millième fois, je lui ai demandé : "Comment sais-tu que tu m'aimes ?" En dehors de la philosophie, c'est peut-être aussi une autre cause de notre divorce : je ne pouvais cesser de lui demander s'il m'aimait et jusqu'à quel point il m'aimait, et s'il m'aimait moins que le jour d'avant ; m'aimait-il autant qu'au jour de notre mariage ? Inlassablement, je lui demandais de me confirmer son amour.

Il m'a dit : "Vu que je ne me souviens pas d'un temps où je ne t'aimais pas, c'est comme si mon amour pour toi avait voilé la notion même du temps. C'est vraiment très étrange, aujourd'hui quand je me remémore un souvenir d'enfance, tu en fais partie. Je ne sais pas comment expliquer cela, mais tu sais ce que je veux dire. Je ne possède aucun souvenir auquel tu ne sois associée."

Je n'étais pas certaine de bien le comprendre. Moi, j'avais des souvenirs sans lui mais je les trouvais terriblement ennuyeux. »

Quelques années après que j'ai commencé à travailler avec Gradiva, elle a épousé un homme radicalement différent de son ex-mari. Un jour, elle me dit : « En venant ici, je réfléchissais à cette étude faite en Amérique dans les années 1970. Je ne suis pas sûre des détails, mais c'était une étude exhaustive qui mesurait la santé mentale des enfants issus de familles traditionnelles comparée à ceux des familles plus ouvertes d'esprit et intellectuelles.

Les enfants du groupe A, traditionnel, avaient des parents qui ne leur parlaient pas à table, les choses n'étaient pas discutées mais imposées. Dans leurs familles, on faisait une distinction très nette entre le bien et le mal, on leur disait qu'ils étaient des êtres humains justes, travailleurs, modèles. En outre, les parents leur rappelaient quotidiennement qui étaient les perdants, de quelles parties de la société venaient les menaces dont ils devraient toujours s'écarter.

Jeunes adultes, les enfants du groupe A avaient des emplois stables, des vies rangées avec une femme, 2,5 enfants et un chien : le rêve américain.

Maintenant, qu'en est-il des enfants du groupe B ? Ils ont pris en compte la philosophie ; ils ont eu des vies chaotiques ; ils étaient ambivalents. Devenus adultes, ces enfants se plaçaient au-delà du bien et du mal ; pour eux, la condition humaine était composée de diverses nuances de gris. Ils avaient grandi en faisant le tour des questions à table, avec des parents qui n'étaient pas dogmatiques, qui voulaient entendre leurs points de vue et étaient toujours prêts à changer d'opinions. C'est aussi dans le groupe B qu'on voyait à l'œuvre divers types de créativité.

Eh bien, quand tous ces gens sont entrés dans l'âge adulte, ceux du groupe A sont devenus les plus grands consommateurs de pornographie et de neuroleptiques ; ils avaient toutes sortes de tics et d'obsessions ; ils étaient rongés de culpabilité, rigides, pour ainsi dire impénétrables. On observait aussi une absence totale de créativité.

Simultanément, les gens du groupe B souffraient, pour le dire en vos termes freudiens, de tristesse normale, par opposition à la misère névrosée du groupe A. Ils étaient plus heureux, plus libres, et discutaient de tout à table avec leurs propres enfants.

Vous savez, docteur, je suis une enfant du groupe B, tandis que mon ex-mari était un enfant du groupe A. Vous ne pouvez pas avoir sous le même toit un membre du groupe B et une personne du groupe A sans déclencher d'aliénation mentale. J'ai souvent eu envie de vomir et de hurler : "Les choses ne sont pas tout noir ou tout blanc, il y a toujours du gris, et c'est dans le gris qu'on trouve ce que notre condition humaine a de mieux à offrir : comme ce que toi et moi avons pu construire ici !" J'étais toujours en train de construire et de reconstruire mes histoires, laissant la créativité faire surface, ce qui rendait possible la liberté, pour autant que ce soit humainement possible.

Cependant, vous savez, c'était très agréable de rejoindre le groupe A grâce à un mariage, comme si, pour un temps, j'avais trouvé la solution à toutes les angoisses qui accompagnaient mon style de vie incertain, chaotique, à l'enseigne du "tout est relatif". J'avais finalement rencontré un héros, convaincu de détenir toutes les réponses, c'était l'extase.

Vous souvenez-vous du jour où vous m'avez dit que mon divorce avait été mon œuvre, que j'avais trouvé là une manière de m'en sortir, que c'était une pulsion vitale qui me protégeait ? Sans cela, j'aurais eu un cancer – oui, j'ai oublié de vous dire qu'il y avait beaucoup de maladies somatiques dans le groupe A. Après mon divorce, j'ai retrouvé le merveilleux chaos du groupe B, dans lequel on mène une vie postmoderne, où l'on discute de tout *ad nauseam*, sans avoir jamais envie de vomir. »

Les derniers mots de ma patiente ont entraîné une association dans mon esprit, me rappelant ce que Freud écrivait en 1905 :

« Tatie, parle-moi ! J'ai peur car il fait si noir. »

Sa tante lui répondit : « Quel bien cela te ferait-il ? Tu ne peux pas me voir.

– Cela n'a pas d'importance », répliqua l'enfant. « Dès que quelqu'un parle, il y a de la lumière. »

Le patient dit tout lors de la première séance, et c'est l'analyste qui a besoin de temps pour l'entendre, a-t-on coutume de dire. Ainsi avais-je besoin des pages qui précèdent pour me livrer à la libre association et expliciter ce que signifie pour moi pratiquer la psychanalyse à Téhéran.

Il me semble qu'il s'est agi d'apprendre à aimer. Lacan avait l'habitude de dire : « Aimer, c'est donner ce que vous ne possédez pas. » Ce qui, selon Jacques-Alain Miller, signifie : aimer, c'est reconnaître son manque et le donner à l'Autre, le déposer en l'Autre. Ce n'est pas donner ce que vous possédez, dons ou présents, c'est donner quelque chose que vous ne possédez pas, qui vous dépasse. Pour ce faire, vous devez assumer votre manque – votre « castration », disait Freud.

Pratiquer la psychanalyse à Téhéran aura été le discours d'une amoureuse. J'ai appris de chacun, patients, superviseurs, étudiants, « à donner ce que je ne possède pas ».

Un savoir qui me prive d'autres mots pour vous exposer la pratique de la psychanalyse à Téhéran. Pour l'instant, en tout cas…

Il semble que pour nous, l'heure de la séance soit écoulée.

Table des matières

Composé par Nord Compo Multimédia
7, rue de Fives, 59650 Villeneuve-d'Ascq

Achevé d'imprimer en France en juillet 2013
par Normandie Roto Impression s.a.s., 61250 Lonrai
Dépôt légal : septembre 2013 — N° d'impression : 132504